Jean-Marie Domenach

Enquête
sur les idées
contemporaines

Éditions du Seuil

EN COUVERTURE : illustration José David

ISBN 2-02-006723-4
(ISBN 1ʳᵉ publication : 2-02-005983-5)

Enquête
sur les idées
contemporaines

Du même auteur

AUX MÊMES ÉDITIONS

Barrès par lui-même
« Écrivains de toujours »

Yougoslavie
« Petite planète »
en collaboration avec Alain Pontault

Mounier par lui-même
« Écrivains de toujours »

Le retour du tragique
« Esprit », 1967 ; « Points », 1973

Le christianisme éclaté
en collaboration avec Michel de Certeau

Le sauvage et l'ordinateur
« Points »

Lettre à mes ennemis de classe

CHEZ D'AUTRES ÉDITEURS

Gilbert Dru, celui qui croyait au ciel
ELF

La propagande politique
« Que sais-je ? », PUF

Ce que je crois
Grasset

Penseurs et journalistes

Dans une société où l'on invente du nouveau tous les jours, j'ose me flatter de tenter une « première ». Non pas que je me prenne pour un créateur, comme on appelle aujourd'hui les peintres du dimanche et les dramaturges de sous-préfecture : ce livre n'est pas une œuvre de création mais de vulgarisation ; il vise à faire connaître des idées qui restent souvent enfermées dans des cercles restreints et qui pourtant ont, ou peuvent avoir, une influence déterminante sur l'évolution de notre société. Certes, il y a toujours eu des philosophes pour chercher le contact avec le public. Descartes disait avoir écrit *le Discours de la méthode* en français « afin que les femmes elles-mêmes puissent y entendre quelque chose ». Mais, depuis que la philosophie ne s'écrit plus en latin, on ne saurait affirmer que les femmes, ni d'ailleurs les hommes, y entendent davantage, au contraire! Combien de penseurs, qui, par-dessus le marché, se campent souvent à l'avant-garde de la démocratie, refusent avec hauteur d'éclaircir leur prose de quelques notes explicatives ou de l'amputer de quelques pages superflues, et nous accablent ainsi d'ouvrages pesants et dispendieux! Ce faisant, ils interdisent à ceux qui doivent gagner leur vie, aux travailleurs, d'accéder à d'autres œuvres qui pourraient aussi les instruire. Quel impérialisme! C'est que le slogan « Si nous n'avons pas de pétrole, nous avons au moins des idées » n'est pas aussi dérisoire qu'il en a l'air. Il y a, en

5

France, beaucoup plus d'idées qu'on ne croit. Mais la plupart des gens vivent à côté de ces gisements sans pouvoir y puiser, sans même les soupçonner.

A cette méconnaissance je ne puis me résigner. Affaire de conviction, de vocation. Le travail commencé dans les maquis, avec mes camarades des Équipes volantes d'Uriage, j'ai toujours voulu le poursuivre : faire partager des découvertes qui valent bien celles d'une particule atomique ou d'un tumulus préhistorique, parce qu'elles peuvent éclairer un esprit ou même orienter une vie — la découverte d'un auteur, d'un livre, parfois seulement d'une idée. Publiciste (mais non publicitaire), je me suis fait un devoir et un plaisir de *publier,* au sens fort et premier du mot, à *Esprit* et par d'autres canaux, des œuvres et des pensées qui me semblaient en valoir la peine. Je travaillais dans les idées, mais tout en gardant quelques débouchés dans la presse, parce que les contraintes du journalisme (en espace, en durée) me semblaient une discipline salutaire pour les intellectuels, toujours menacés d'incontinence. Et je me suis dit que, précisément, ces techniques — que, ces dernières années, j'ai eu l'occasion d'enseigner au Centre de formation des journalistes — pouvaient jeter un pont sur ce fossé que je déplorais et introduire un nouveau public à un domaine qui lui semblait lointain, hermétique, sinon exotique.

J'ai donc fait part à Jean Boissonnat de ce projet : appliquer certaines des méthodes du journalisme au monde des idées, aux événements qui se produisent dans un secteur dont ordinairement les journaux ne parlent pas. Au nom de quoi décide-t-on que l'évasion d'un bandit est plus importante qu'un cours au Collège de France ? Certes, à travers les livres, quelques échos de la vie intellectuelle parviennent au public. Pour signaler ces livres et en évaluer l'importance, il y a, ou plutôt il devrait y avoir, une critique, nous en reparlerons. Mais l'expérience prouve qu'une revue des livres, même bien faite, ne donne qu'une idée fragmentaire et déformée du mouvement des idées. Mettez-vous en face d'un étalage de libraire : vous repérerez sans doute certains thèmes à la mode, certains sujets « juteux », mais saurez-vous, sans conseil, sans information préalable, choisir le livre qui répond à votre besoin ? Verrez-vous se dessiner la forme de l'esprit du temps, s'esquisser les pistes qui, beaucoup plus sûrement que la politique, nous conduisent vers la mentalité et la société de demain ? Je crains que non. Voilà pourquoi je me suis lancé dans cette entreprise que le rédacteur en chef de *l'Expansion* m'a permis de réaliser en me commandant une série de neuf articles, sorte de bilan prospectif de la situation des idées en France, qu'il a publiés sous le titre : « Des idées pour la fin du siècle ». Je lui en suis infiniment reconnaissant : je sais que ce travail a pu être utile à quelques-uns, en tout cas il m'aura beaucoup appris, et puis, je le dis comme je le pense, il faut du courage, aujourd'hui, pour mettre des abstractions au sommaire, d'autant plus dans une publication qui se préoccupe des problèmes d'économie, de gestion et de finance. Mais plus je vais, plus je m'aperçois que ce n'est pas chez les intellectuels qu'on trouve le plus de gens qui s'intéressent en profondeur aux idées.

Ce sont donc ces articles que je regroupe dans ce volume ; j'y ai ajouté une conclusion, mais j'ai peu modifié les textes publiés, bien que j'aie eu envie d'y ajouter de nombreux éclaircissements, conscient que leur densité pouvait nuire à leur compréhension. Mais j'ai pensé que, réprouvant les gros livres, j'étais obligé de donner l'exemple, et que cet ouvrage, s'il a un mérite, le devra au fait qu'il respecte les règles du métier journalistique : ce n'est pas l'auteur mais la rédaction qui fixe le lignage. Au surplus, il s'agit d'un manuel d'initiation qui vise d'abord à faire lire. Le guide doit savoir se taire afin de laisser au public le temps de visiter les monuments. Quant à la bibliographie, elle ne se soucie pas d'être savante ; elle est l'équivalent de ces cartes qui complètent et précisent les guides touristiques. Et comme ils le font pour les excursions, j'ai cherché à baliser des itinéraires tout en indiquant les difficultés : à la portée de tous — ou presque — (*), pour marcheurs moyens (**), pour alpinistes entraînés (***)... Cela afin d'éviter les déconvenues, mais en sous-entendant que plus on grimpe haut, plus on a de chances d'apercevoir un vaste panorama.

On m'objectera sans doute que ce rapprochement que je cherche, du grand public avec les idées, s'opère déjà grâce aux médias de masse : télévision, radio, magazines, etc. J'en doute beaucoup. Le système de la mode, que les Français ont appliqué très tôt aux belles-lettres, a envahi, ces dernières années, les secteurs hermétiques de l'histoire, de la sociologie et de la philosophie. Certains auteurs organisent leur service de presse avant même d'écrire leur livre. D'autres, et parfois les mêmes, font un livre comme les aviateurs iraniens font un avion neuf : avec les morceaux de trois ou quatre vieux (c'est ce qu'on appelle « cannibaliser ») — et quand je dis qu'ils font un livre, je ferais mieux de dire qu'ils le font faire, au point qu'un journaliste du *Monde* demandait à l'un de ces auteurs à succès, contraint de reconnaître qu'il y avait, dans son livre, des paragraphes empruntés à d'autres auteurs, s'il était bien sûr d'avoir lu le livre qu'il avait signé. « A partir du moment où l'on considère comme allant de soi que le seul but d'un philosophe est de faire parler de lui dans les journaux... », écrit Jacques Bouveresse[1]. En effet, à partir de ce moment-là, il n'y a plus ni philosophie ni jour-

1. J. Bouveresse, « Pourquoi pas des philosophes ? » (*Critique*, numéro spécial : « La philosophie malgré tout », février 1978).

nalisme, mais un tapage qui assourdit les lecteurs et occulte la véritable pensée, la poussant à se réfugier dans l'exil, intérieur ou extérieur. Comme le disait récemment T.-J. Desanti, « Viendra le temps où ceux qui produisent dans le domaine de la pensée deviendront sourds aux médias ».

Cette hystérie publicitaire est un danger particulièrement redoutable en France, à cause de la prééminence de Paris où se font et se défont les modes. La télévision est devenue l'instrument privilégié de ces sacres carnavalesques. Arracher ensuite les couronnes de carton ne va pas sans perte de temps ni sans ressentiment, comme le note aussi J. Bouveresse. Mais comment faire ? Les livres n'ont pas la chance qu'ont les veaux. Aucune législation ne les protège contre l'abus des hormones. Ah! si l'on pouvait fonder une association de consommateurs de livres, afin de traquer les faussaires, les plagiaires et les « cannibalisateurs »! Mais à quel laboratoire se confier ? à quels experts ? Les critiques, qui devraient faire ce travail, lorsqu'ils en ont le courage n'en ont pas les moyens, de sorte que, progressivement, auteurs et éditeurs les remplacent, répartissant leurs soldats et leurs agents sur les points stratégiques de la presse écrite et audiovisuelle, comme des généraux dans une ville conquise. C'est ce qu'on appelle, en édition, « faire un coup ». Ainsi se trouve confirmé le diagnostic de Stendhal pour qui la liberté de la presse, indispensable en politique, était déjà, en 1837, une « liberté saccagée » par les camarillas littéraires et artistiques[1]. Il est vrai que le journaliste n'a pas beaucoup de temps pour lire, qu'il doit tenir compte d'un public rétif à l'abstraction, qu'il est porté, par déformation professionnelle, aux simplifications abusives et aux enjolivements désinvoltes. Le journal retient surtout ce qui accroche, scandalise

1. Stendhal, *Mémoires d'un touriste.*

ou console. C'est le contraire de la philosophie. Le journal, « cimetière des idées » (Proudhon).

Mutuel avilissement du penseur et du journaliste : ils ont pourtant besoin l'un de l'autre. Mais la défaillance du second induit souvent le premier à chercher des faire-valoir dans la presse, ou à se faire valoir lui-même, sans intermédiaire et sans pudeur. Or, si l'on peut être un « bon acteur de soi », comme disait Mallarmé, on ne peut être un bon journaliste de soi. Le journaliste est semblable à l'ethnologue : il a besoin d'une distance à l'égard de son sujet. Il expliquera d'autant mieux que d'abord il connaissait mal la question qu'il avait à traiter ; c'est un étudiant qui se change tous les jours en enseignant. Cette pédagogie-là n'a cessé de me tenter. Elle ne prétend certes pas faire concurrence à l'Université, elle irritera bien des spécialistes, et je prie par avance qu'on m'excuse de certains raccourcis, de certaines omissions. Tenu, je le répète, par le loi du genre, je devais me limiter à des indications globales et parfois sommaires. Mon ambition était d'aller à l'essentiel. Mais on n'y parvient que par degrés. Et je ne pouvais systématiquement éluder les modes, ni certains de ces auteurs dont je viens de parler, qui doivent leur succès à une habile exploitation des médias et des œuvres des autres. Les modes ont l'avantage d'attirer le public vers un domaine assez négligé. On peut s'en servir comme d'un appât. Au surplus, les querelles d'école ont un piquant de polémique qui stimule la vie intellectuelle. Depuis la triste querelle entre Sartre et Camus, nos penseurs n'acceptent plus de discuter entre eux ; d'ailleurs, ils auraient du mal à le faire, car la pensée s'est spécialisée comme tout le reste, ce qui rend plus difficile l'effort pour la synthétiser et pour confronter des thèses qui semblent chacune cheminer dans leur espace particulier. J'espère du moins n'avoir pas trop concédé aux prestiges. Rendant

10

compte de l'année intellectuelle 1979, *Critique* intitulait son numéro spécial « Le comble du vide ». Mon enquête me porte à être moins sévère : les idées abondent dans ce pays, mais il est vrai, hélas! qu'elles sont menacées par cette « industrie du vide » dont Castoriadis a dénoncé la malfaisance à propos du *Testament de Dieu,* de B.-H. Lévy.

Ceci, disais-je, est un travail de journaliste. Et, pourtant, je ne saurais prétendre que mon tour de France des idées soit complet et objectif. Complet ? Il y aurait fallu une telle somme de compétences que seule une équipe en serait venue à bout, mais l'unité de vue en aurait souffert ; ou bien plusieurs années supplémentaires, mais alors — c'est le risque de tous les bilans — j'aurais fait l'histoire d'un passé : ainsi, des esprits malicieux prétendaient que l'historien des religions Gabriel Le Bras travaillait si scrupuleusement que, lorsque son étude paraissait, ses statistiques de pratique religieuse n'étaient déjà plus valables, un grand nombre de Bretons ayant perdu la foi entre-temps... Je prie donc qu'on ne cherche pas ici le *Who's Who* de la pensée française, mais seulement de grandes orientations, la description des fleuves principaux et des sommets dominants. Affaire d'appréciation, dira-t-on ; j'en conviens. D'abord, j'ai dû choisir : je ne fais pas ici le relevé des activités intellectuelles en France, je pratique des « coupes » dans les principaux mouvements de pensée. Je n'ai pas mentionné bien des travaux, parfois éminents, en psychologie, sociologie, politologie, etc., parce que je me concentrais sur les idées qui me paraissaient constituer cette représentation dominante qui, à notre insu, délimite le champ de nos débats et oriente notre destin commun, car ce qu'on a appelé hâtivement la fin des idéologies est l'élément central d'une nouvelle idéologie, moins violente, certes, plus tolérante, mais aussi plus molle, plus dissimulée que les dogmes mobilisateurs venus du XIXᵉ siècle. Cette zone, j'en conviens, est intermédiaire et floue. Elle néglige, sur ses deux frontières, des recherches essentielles : celles, empiriques, qui relèvent des sciences humaines ; celles, théoriques, qui relèvent de la métaphysique et de la théologie — domaines que je ne méprise certes pas, mais que je réserve pour des explorations ultérieures.

Pour ce qui est de l'objectivité, je plaide également coupable. Non seulement je n'y crois pas, mais, intellectuel engagé depuis 1940, je me serais renié en traitant des idées sans me prononcer moi-même. Certes, je me suis efforcé à l'impartialité lorsque j'exposais telle ou telle doctrine, et si l'on relevait ici et là de graves déformations ou des contrevérités, qu'on veuille bien me les signaler ; l'engagement, pour moi, inclut le dialogue, et n'exclut ni l'autocritique ni la mise au point. C'est précisément dans le même esprit (croire non pas qu'on détient la vérité, mais qu'il faut la chercher et par là même qu'il faut créer ou renforcer les conditions nécessaires à une pensée libre), c'est dans le même esprit que j'ai, ici ou là, pris position en essayant de ne pas blesser, de ne pas trahir, même mes adversaires.

« D'où parlez-vous ? » disait-on après 68, en pointant sur l'orateur un index menaçant. Pendant trente ans, je me suis exprimé comme responsable de la revue *Esprit,* que j'ai quittée à la fin de 1976. Je n'engage plus que moi-même. Et ma liberté à l'égard des lecteurs de *l'Expansion* était d'autant plus grande que leurs préférences sont diverses et qu'ils sont moins sensibles aux effets de la mode que bien des lecteurs qui cherchent dans leurs publications favorites leur ration d'idées réconfortantes. Que ce soit une publication vouée aux problèmes d'économie et de gestion qui m'ait commandé cette série, et non point un hebdomadaire intellectuel, m'apparaît comme le signe du rapprochement

fécond qui s'amorce entre les deux cultures : celle qui s'est
constituée au sein des réalités du monde industriel, et celle
qu'on n'ose plus nommer « humaniste », mais qui retrouve,
comme on le verra, une nouvelle jeunesse dans le contact
avec les plus récentes évolutions des sciences naturelles et
des mathématiques. Mes remerciements vont donc à ce
public qui a bien voulu s'intéresser à ma tentative, à la
rédaction du magazine qui me l'a inspirée et qui l'a publiée
avec un souci de perfection artisanale, ainsi qu'aux Éditions
du Seuil qui, de ces articles, ont fait un livre ; ils vont aussi à
tous ceux qui m'ont facilité la tâche : les services de presse
des maisons d'édition qui m'ont adressé des livres, ainsi que
les périodiques qui avaient déjà publié, sur tel sujet que
j'abordais, des ensembles et des articles qui m'ont été
précieux ; revenant aux revues comme consommateur, et
non plus comme producteur, je me suis confirmé dans l'opi-
nion qu'elles sont des médiatrices indispensables à la fécondité d'une culture et à sa diffusion.

BIBLIOGRAPHIE

** Jean-Marie Domenach, *Le Sauvage et l'Ordinateur*, Seuil.
Recueil d'essais sur les principaux courants intellectuels
des années soixante-soixante-dix (Althusser, Deleuze,
Lévi-Strauss, Marcuse, etc.).
** Vincent Descombes, *Le Même et l'Autre, quarante-cinq
ans de philosophie française (1933-1978)*, Minuit. Présenta
tion des principaux courants de la philosophie française,
ces dernières années (Sartre, Merleau-Ponty, sémiologie et
structuralisme, Foucault, Althusser, Derrida, Deleuze...).
** « La philosophie malgré tout » (*Critique*, février 1978). Ce
numéro spécial, regroupant dix-huit essais ou témoignages,
pose sous une forme vigoureuse beaucoup des questions
centrales de la philosophie en France aujourd'hui.

Des idées pour la fin du siècle

A la belle époque de la prospective, on cherchait les « faits porteurs d'avenir ». S'il existe des idées porteuses d'avenir (car les faits ont déçu), elles sont encore plus difficiles à repérer. Les bourgeois allemands du XIXe siècle ne se rendaient pas compte que l'un des leurs était en train d'élaborer la théorie du matérialisme dialectique qui, cinquante ans plus tard, sous le nom de marxisme, deviendrait révolution, empire, et catéchisme à l'usage des petits Chinois ; ils lisaient des auteurs que presque plus personne ne connaît aujourd'hui. D'ailleurs, il ne faut pas demander aux idées d'être toujours d'avant-garde, ce serait exténuant. La principale fonction de ce qu'on appelle « idéologie » est de rassurer : on prend des idées comme on prend des calmants, pour supporter le mal du monde, pour digérer les événements et pour parler avec les autres. Mais il arrive aussi que ce soient les idées qui nous prennent et nous entraînent loin, presque sans qu'on s'en aperçoive. Ces idées-là apportent d'abord l'inquiétude, le doute et le désordre, mais il arrive qu'elles soient les mères, ou les grands-mères, des idées qui plus tard aideront à dormir.

Discerner ce qui relève du laboratoire de ce qui relève du conservatoire est la première tâche d'une prospective de l'intelligence. Bien entendu, on y soupçonnera des préférences, elles-mêmes idéologiques, et l'on aura raison. Mais plus risquée et plus arbitraire est la prétention de distinguer

14

parmi les pensées encore cachées, que cultive un petit cercle d'initiés, celles qui, déjà, en profondeur, rendent compte de la société de demain. Je conçois que des lecteurs s'indignent en ne trouvant pas sur la liste des gagnants probables leurs auteurs favoris. C'est comme en peinture : les critiques prennent leurs risques, mais seul l'avenir tranchera, et tant mieux pour ceux qui auront apprécié les impressionnistes avant tout le monde !

Pourtant, à certaines époques, ce tri peut s'appuyer sur des arguments sérieux : ce sont les époques où la scène bascule, laissant entrevoir un nouveau paysage. Alors, les idées d'hier se dissolvent en bouillies idéologiques qu'on trouve sur toutes les tables, mais qui ont perdu leur saveur. Simultanément, les déterminations de la vie quotidienne se modifient à partir de l'instance principale ; depuis le début de l'ère industrielle, c'est l'économie qui prédomine, mais ses difficultés actuelles, la « crise » comme on dit abusivement, appellent des remaniements et convoquent d'autres instances : spirituelle, esthétique, politique. La convergence d'une transformation des idées et des mœurs avec le coup de frein brutal qui affecte la société d'abondance indique que nous sommes entrés dans une époque de ce type, où les idées anciennes, malgré la révérence qu'on affecte encore de leur porter, se vident invisiblement du dedans. Et l'abus que les marchands de modes font de la « nouveauté » ne doit pas nous cacher qu'un esprit nouveau apparaît ici ou là, dans les places évacuées par les anciens dogmes, le long des articulations disjointes des systèmes hier encore triomphants.

Pourquoi la formidable explosion de Mai 68 a-t-elle si peu changé la société ? Probablement parce qu'il s'agissait d'idées qui, bien que portées par des jeunes, étaient déjà

précocement vieillies : elles ne s'en prenaient pas à de vrais
ennemis, mais à des symboles fantoches auxquels la plupart
des gens n'accordaient plus qu'un respect extérieur. Et de
même que les jeunes nationalistes de la fin du siècle précédent étaient allés chercher dans la paysannerie la réserve de
mémoire et d'énergie nécessaire au redressement français, de
même les étudiants de Mai ont marché vers les ouvriers et,
de leurs traditions, se sont fait un folklore. Ce dernier feu
d'artifice tiré à la gloire de la classe ouvrière et des révolutionnaires socialistes et communistes signifiait cruellement :
le mouvement ouvrier, qui fut la plus grande chose qui se
soit produite depuis l'évangélisation du monde gréco-
romain, devient une référence pour d'autres — intellectuels
d'Europe, d'Amérique latine et d'Afrique —, mais ici, chez
nous, il ne sera plus qu'un souvenir et un symbole, noyés
dans la culture de consommation : c'est la bourgeoisie qui a-
tout avalé, y compris la mythologie révolutionnaire. Péguy
a eu raison contre Marx : tout le monde est devenu bourgeois.

Tout s'est donc joué dans l'ordre de la représentation. Au
fond, les revendications des étudiants de Mai allaient dans
le même sens que l'évolution d'une société qu'aimantaient
alors la montée du niveau de vie, la profusion de l'énergie,
le modèle américain d'émancipation et de bonheur individuels. Lorsque les idées se répandent sans résistance, elles
occupent le terrain superficiellement. La nuit, d'autres idées
surgissent, qui guettent les idées du jour, les arraisonnent et
les entraînent pour des fécondations imprévues. C'est ainsi
qu'opère l'esprit du temps lorsqu'il devient assez fort pour
assimiler des proies qui, d'abord, semblent bien plus grosses
que lui. Prenez le marxisme : c'était lui, il y a trente ans, qui
assimilait les idées de la veille (naturalisme, progrès, etc.), et
maintenant c'est lui qui est mangé, d'abord à la sauce struc-

turaliste, puis à celle de la nouvelle histoire et de la nouvelle sociologie. Chacun emporte son morceau, ce qui fait que le marxisme est partout, mais qu'il n'est nulle part, et qu'on a également raison de déclarer que c'est une idéologie dominante et que c'est une idéologie dominée.

La décomposition du freudisme est moins avancée, mais elle est aussi en chemin ; il devient une « vulgate », comme le marxisme : tout le monde écoute Mme Dolto ou Ménie Grégoire à la télévision et à la radio, on « parle » freudien, mais, déjà (c'est fait aux États-Unis), le moment enivrant de la découverte, de l'inspiration créatrice est passé. Les grandes philosophies, elles, ne vieillissent pas, mais Marx et Freud ne sont pas Platon ou Kant. Depuis Marx, précisément, la philosophie a perdu sa royauté, d'abord parce que les sciences de l'homme semblent en dire davantage sur l'homme, ensuite parce que, dans la société de masses, l'important n'est plus de faire réfléchir une élite sur le mystère de l'Être, mais d'agir, de guérir, de changer les institutions et la vie.

Mais voilà : ces doctrines populaires (politiques, sociologiques, psychologiques) paient leur succès de leur obsolescence. Liées aux connaissances et aux préoccupations de l'époque où elles furent élaborées, elles prennent ensuite un aspect irréel et sectaire. Ayant perdu leur lien scientifique avec la réalité, elles se fragmentent en interprétations intolérantes et rivales. Ce qui était naguère science devient idéologie, demi-savoir banalisé. Lorsque des pensées neuves et bouleversantes imprègnent la mentalité d'une époque, lorsqu'elles n'ont plus affaire qu'à l'ambiance qu'elles ont créée, elles sombrent dans la facilité, dans l'entropie. Et c'est alors que d'autres idées commencent à percer. Certaines, modestement, qui resteront longtemps inconnues du public. Mais d'autres bénéficient aussitôt d'un lancement tapageur par l'appareil des médias, qui a bouleversé les méthodes et les rythmes de la diffusion des idées. Ainsi, la « nouvelle histoire », la « nouvelle philosophie », la « nouvelle droite » font un tabac, comme on dit. Mais la mortalité est plus forte chez les théories vedettes que chez les théories secrètes. Naturellement, elles sont plus exposées, plus fragiles. Ensuite, leur prétendue nouveauté cache souvent des idées anciennes, hâtivement repeintes. La mode, on le sait, est un éternel retour.

Les idées ont un espace-temps qui leur est propre. Certaines restent longtemps à fermenter sur place avant de partir à la conquête du monde. D'autres, qui démarrent puissamment, n'ont pas le temps de grandir : l'histoire les a assassinées. Ainsi, le grand mouvement mystico-social qui agite l'intelligentsia d'Europe à la fin du XIXᵉ siècle et qui connaît en Russie sa plus belle expression (seul Berdiaev est arrivé jusqu'à nous) sera étouffé par la Première Guerre mondiale et par la révolution bolchevique. Mais, souterrainement, ces idées cheminent et reviendront au jour avec la « nouvelle philosophie ». De même, l'École de Francfort, composée surtout de penseurs juifs allemands (Horkhcimer, Adorno, Benjamin...), est dispersée par le nazisme et occultée par la Seconde Guerre mondiale. Mais les éclats de cet astre mort nous reviennent avec quarante années de retard, après avoir rebondi en Amérique du Nord.

Comme les virus, les idées gagnent souvent à passer d'un organisme à un autre. « Je leur apporte la peste », aurait dit Freud, débarquant en Amérique. La vague du freudisme y triomphe, avant de refluer sur l'Europe quarante ans plus tard. De même Jean Piaget, de même Jacques Ellul, célèbres aux États-Unis depuis longtemps et qui commencent tout juste à l'être chez nous. En sens inverse, la sémiologie et le marxisme structuralisé fleurissent aujourd'hui dans certaines universités des États-Unis. Car la France conserve une part de son prestige intellectuel. Certes, le temps est passé où Sartre et Camus faisaient les délices des intellectuels et des étudiants d'un bout à l'autre du monde ; la créativité française est en baisse (quelle hécatombe, ces derniers temps : Mauriac, Malraux, Sartre...), mais nous avons gardé l'art d'accommoder les idées, de les rassembler en « écoles », et la France a même réussi une performance unique : vendre de la philosophie à la télévision. Il n'est donc pas outrecuidant de se situer en France pour inspecter l'état des idées : si abstraites qu'elles paraissent, si universelles qu'elles se prétendent, elles ne réussissent vraiment, chez nous, que si, même enfantées à l'étranger, elles portent le costume national.

Comme elle est loin, l'époque des grandes synthèses que dominaient les « trois grands » : marxisme stalinien, existentialisme sartrien, personnalisme chrétien ! Leur a succédé l'ère du soupçon : les visions du monde qui s'élaborent dans la seconde moitié du XIXe siècle (Marx, Nietzsche, Freud), ainsi que les sciences de l'homme qui prennent ensuite leur essor, sont employées à critiquer, à « déconstruire » : on ne démontre plus, on démonte. Une foule de chercheurs et de penseurs s'efforce de disloquer les discours, les institutions et les croyances. On fait éclater ce visage traditionnel de l'homme que les intellectuels — même et surtout révolutionnaires — s'étaient efforcés de reconstruire après guerre à partir des morceaux qu'ils avaient ramassés dans les salles de torture et les camps de concentration. « L'existentialisme est un humanisme », proclamait Jean-Paul Sartre en 1945. Mais les années cinquante sonnent l'hallali de l'humanisme. La liberté disparaît sous le poids des déterminismes, le sujet est englouti dans les systèmes anonymes et contraignants.

Le structuralisme arrache la vedette à l'existentialisme, Lévi-Strauss renvoie Sartre au musée, car la mauvaise habitude est prise : on ne discute pas, on occupe toute la place. « Penser, c'est terroriser », écrit alors un jeune philosophe.

La marque d'une domination intellectuelle, c'est, en effet, qu'elle déplace les problèmes et parvient à empêcher qu'on pose ceux qu'elle est incapable de résoudre. Pour l'époque considérée — elle commence vers 1954 et se prolonge encore de nos jours —, le modèle d'analyse est fourni par la linguistique. Tout revient à une question de langage. Ce ne sont pas des faits, des institutions et des hommes qu'on étudie, mais des « discours », et ce qui, en apparence, sort du domaine rhétorique s'interprète aussi comme un pur échange de signes. Car l'histoire et le sens de l'histoire n'ont plus cours. Il s'agit seulement de définir des règles de fonctionnement.

La faiblesse de cette méthode du soupçon, c'est qu'elle tombe inéluctablement dans le piège où elle broie les autres. Elle a défini son « champ », elle en a expulsé tout un vocabulaire devenu subitement obscène : âme, valeurs, origine, fins, personne humaine, etc. C'est ce qu'elle appelle « scotomiser » (en grec : mettre à l'ombre). Un de ces mots de passe qui nous renseignent mieux que toute explication sur la nature d'une pensée impérieuse et impérialiste, d'une critique qui, hormis elle-même, n'épargne rien, aucune formulation, aucune institution. Mais, lorsque tous les pâturages ont été broutés, il faut s'attendre à ce que l'herbe repousse. « L'homme est un animal qui veut du sens », disait Camus. Il était d'ailleurs inévitable que cette critique, qui prétendait fournir une explication totale et sans résidus, trouve sa contradiction dans de nouvelles découvertes. Claude Lévi-Strauss expliquait tout, mais il avait oublié une chose : le sacrifice. Et voilà que René Girard se place sur ce point aveugle du structuralisme, à partir duquel il explique tout, lui aussi. Mais les sauvages de son ethnologie ne semblent pas appartenir aux mêmes tribus que ceux de Lévi-Strauss. A force de relativiser autrui, un jour arrive où l'on est relativisé soi-même.

Cependant, de Lévi-Strauss à Girard, un déplacement significatif s'est produit : le mot « amour », scotomisé, reparaît, et, avec lui, une chance pour l'esprit (également scotomisé) de s'affirmer à nouveau comme élément d'une culture qu'on avait réduite à un mécanisme destiné à dissimuler et traduire les besoins naturels (manger, boire, déféquer et se reproduire). Le retour du religieux s'annonce. Il sera sans complexe chez Maurice Clavel et quelques jeunes philosophes. Annonce-t-il une simple réaction aux excès du positivisme ambiant ? Il est remarquable que les meilleurs des « nouveaux philosophes » prennent appui sur celui qui semble bien jouer pour nous le rôle qu'a joué Sartre trente ans plus tôt : être à la fois l'introducteur et le relai, formuler la nouveauté d'une époque pour la transmettre à la suivante — j'ai nommé Michel Foucault. Au passage, je note qu'il écrit bien, peut-être trop bien (car la séduction peut nuire à la réflexion), comme d'ailleurs la plupart des penseurs qui marquent notre temps : Sartre, Lévi-Strauss, Barthes..., spécialité française. Il y a du plaisir à apprendre chez eux.

Ne parlons donc pas de rupture, mais plutôt de déplacement et de relève. Une époque intellectuelle est en train de se « transfuser » dans une autre. La critique des idéologies humanistes et des philosophies de l'histoire a déblayé le terrain. Tandis qu'elle se prolonge en discours vulgaires et agressifs, d'autres réflexions osent se faire jour. L'hypercritique tend vers la ratiocination et le nihilisme, mais de son travail primordial naît une idée neuve du sujet — celui qui fait marcher le système, celui qui prend la parole et, du coup, régénère le discours. A vrai dire, il semble difficile que la revendication des droits de l'homme aille longtemps de pair avec la réduction systématique de ce qu'on appelait naguère la dignité de la personne humaine, difficile que le système de la physique continue de s'éloigner de celui de la vie. Quelques roulements de tambour, dans le désert intellectuel qu'on nous a fait, annoncent une nouvelle harmonie.

Les avatars du marxisme

Marx est mort depuis près de cent ans, mais le tiers de l'humanité est gouverné en son nom. Le marxisme est mort comme théorie, ont successivement annoncé Cornelius Castoriadis et Jean-Marie Benoist, mais professeurs et hommes politiques continuent d'en tirer des manuels, des partis et des gouvernements, même si, depuis la disparition de György Lukács, il n'existe plus un seul grand philosophe marxiste dans le monde.

Il faut bien qu'elle recèle un secret de longue vie, cette pensée utilisée par tant de pouvoirs, où l'on ne trouve pas une réflexion sur le pouvoir, cette doctrine faite État, et État policier, qui proclame que « l'existence de l'État et l'existence de la servitude sont inséparables ». A moins que nous ne voyions trop court et que l'enterrement auquel nous assistons ne soit que celui d'un avatar : cette forme dogmatique du marxisme, qui possédait son pape, ses lieux saints et son paradis. Depuis que la révélation des horreurs du stalinisme a désacralisé l'URSS, depuis que l'antipape Mao Zedong a brisé l'orthodoxie, il se pourrait que le marxisme, libéré de ses attaches à un pouvoir et à un dogme, retrouve une nouvelle jeunesse et se répande sur le monde en profitant d'une troisième vague, qui n'est plus celle de la classe ouvrière puis de l'antifascisme européen, mais celle du Tiers Monde et de la crise économique mondiale. C'est ce qu'entrevoyait Jean-Paul Sartre lorsqu'il écrivait, en 1960 :

« Loin d'être épuisé, le marxisme est tout jeune encore, presque en enfance ; c'est à peine s'il a commencé à se développer. Il reste donc la philosophie de notre temps : il est indépassable parce que les circonstances qui l'ont engendré ne sont pas encore dépassées. »

Dépassé ou indépassable ? Pour répondre à la question, il faudrait d'abord savoir ce qui résiste dans cette doctrine protéiforme. Étalé sous nos yeux, le marxisme est pourtant « introuvable », pour reprendre la formule d'un intellectuel de gauche qui, comme beaucoup de ses semblables, fait tout ce qu'il peut pour continuer à vivre avec lui — mais comment vivre avec un fantôme ? Le marxisme est devenu insaisissable, en effet. Il ressemble à ces grosses mouches qui occupent, en zigzaguant, d'autant plus d'espace qu'on leur tape plus fort dessus. Réfuter le marxisme est une entreprise facile et probablement inutile, puisqu'il n'est plus un corps de doctrine, une pensée cohérente, mais une mentalité, une habitude, une méthode presque inconsciente.

L'humanité va-t-elle devenir marxiste sans s'en rendre compte, comme les Français sont devenus cartésiens sans plus avoir besoin de lire le *Discours de la méthode* ? Que le marxisme soit discrédité comme philosophie d'État, qu'il se soit dispersé en interprétations variées et parfois contradictoires, quelle importance cela a-t-il si nous ne parvenons plus à penser en dehors de lui, si même ses adversaires déclarés en sont souvent les plus imprégnés ?

Le paradoxe central du marxisme aujourd'hui est celui-ci : cette gigantesque tentative pour rationaliser l'Histoire, en conciliant nature et culture, nécessité et liberté, a engendré une Histoire totalement irrationnelle et a abouti aux absurdités monstrueuses du Goulag et du génocide cambodgien. En Afghanistan, au Cambodge, l'Union soviétique intervient, directement ou indirectement, contre les régimes qui ont poussé jusqu'au délire la logique de sa propre doctrine — comme si nous n'avions plus le choix qu'entre des degrés plus ou moins atroces de communisme. Cela ne concerne pas le marxisme, objectent certains. Mais si, c'est du marxisme, et le plus incontestable, le plus cohérent avec l'inspiration du fondateur, pour qui n'ont de valeur que les idées s'incarnant dans la réalité. Leonid Brejnev et Georges Marchais ont bien raison lorsqu'ils opposent au socialisme des belles âmes le « socialisme réalisé ».

Ce paradoxe s'explique ainsi : depuis un siècle, la réalité ne cesse de démentir le marxisme. Il avait fait l'impasse sur la politique, et voilà que la politique s'est emparée de lui ; le nationalisme et l'État en ont fait leur instrument. Par une extraordinaire inversion, le marxisme qui se proposait de dissoudre les pouvoirs dans la société est devenu le fondement de pouvoirs totalitaires ; le marxisme qui annonçait la suppression des classes, la réconciliation de l'homme avec lui-même et la fin de l'Histoire est devenu une idéologie polémique, dont la fonction — et la réussite — est d'accuser et de mobiliser : la meilleure arme dans la libération nationale, le plus court chemin vers l'État unitaire et planificateur.

Pour Marx, c'est le *prolétariat* industriel qui devait ouvrir l'avenir ; or, nous voyons aujourd'hui la classe ouvrière, même là où elle s'est nourrie de marxisme, s'embourgeoiser et perdre la conscience de sa mission historique. Le *travail,* valeur centrale du marxisme, recule devant le loisir et la consommation. La *nature,* promise à l'épanouissement, étouffe sous les déchets de l'industrie, et la pollution envahit le lac Baïkal. Les vieux fétiches redressent la tête : nationalités, religions... L'Église va chercher un pape en Pologne. Le capitalisme, qui devait basculer dans la pénurie, augmente sa production et développe ses marchés intérieurs ; c'est lui qui innove, alors que l'URSS ne prend pas plus de 1,5 % des brevets d'invention dans le monde. Et c'est cela, sans doute, qui porte le coup le plus dur au marxisme : la distinction s'efface entre infrastructures et superstructures ; celles-ci deviennent productives : plus de la moitié du PNB américain peut être attribuée à des activités « intellectuelles ».

Conséquence de ce décalage par rapport à la réalité : privé des faits qui devaient l'authentifier (puisqu'il est une science prophétique, la connaissance de ce qui advient inéluctablement), le marxisme se transforme en mythe, et le problème du mythe, c'est de persuader les gens d'y croire. Plus une doctrine devient irréelle et plus elle est tentée d'être totalitaire. Pour agir, le marxisme est contraint de créer son propre monde. Le stalinisme, c'est la volonté acharnée de modifier par tous les moyens une situation qui refuse d'évoluer dans le sens qui lui a été prescrit par la doctrine. La bureaucratie d'État et la terreur ne sont donc pas une excroissance aberrante, mais la conséquence du conflit entre la doctrine et la réalité.

Cependant, parce qu'il s'agit d'un mythe, il se détache des contingences et revêt, selon les lieux et les temps, des couleurs diverses. Ce qui est là-bas étouffement et terreur peut être ici enthousiasme et générosité. La principale faiblesse du marxisme est aussi ce qui fait sa force : une doctrine en lutte contre une réalité qui la contredit séduit des esprits jeunes ; elle réussit surtout parmi les intellectuels qui y voient la seule façon de manifester la supériorité de la conscience sur les choses et d'imposer à l'économie une finalité rationnelle. Le marxisme a existé en France avant qu'on y ait lu les livres de Marx, il était porté par la social-démocratie, par le mouvement ouvrier, puis par le parti communiste. Il se transmettait par des attitudes, des analyses, une légende, une fidélité. On était marxiste à l'usine, on l'était de père en fils, contre les patrons et les curés, contre la culture dominante. Les choses ont bien changé. L'Université, qui avait longtemps boudé Marx, a rattrapé le temps perdu et, progressivement, le marxisme savant l'emporte sur ce marxisme populaire qui était, suivant la formule de Daniel Villey, « la philosophie immanente du prolétariat ». Tandis que les cercles avancés de l'intelligentsia parisienne brûlent ce qu'ils ont adoré, un grand nombre d'instituteurs et de professeurs y trouvent, inconsciemment, la justification, la « gratification » que la société actuelle refuse à leur métier en minorant leur importance, en mettant en morceaux le contenu de leur enseignement. Car, chez nous, c'est l'intelligentsia qui tend à remplacer le prolétariat dans le rôle de sujet privilégié de l'histoire ; une intelligentsia que la démocratisation de l'enseignement multiplie et que la pénurie des emplois démoralise. Elle est naturellement portée à accuser le système dominant en se servant des armes avec lesquelles le marxisme a aidé la classe ouvrière à s'organiser. Mais cette accusation — et là réside un des secrets de la vitalité du marxisme —, tout en manifestant la supériorité de la raison sur la stupidité du réel, ne met en cause aucun des principes essentiels de l'idéologie dominante : pour le marxiste, comme pour le capitaliste, il est convenu que l'économie mène le monde, que le progrès se mesure à la puissance des machines et à la satisfaction croissante de besoins croissants, et que la littérature et l'art sont des produits d'une société.

Le marxisme est un matérialisme — comme le capitalisme —, mais il l'est plus consciemment et plus profondément. Précisons : c'est un immanentisme. Du temps qu'il était orthodoxe, Roger Garaudy y voyait « le passage d'une philosophie de l'Être à une philosophie de l'Acte ». Je dirais plutôt qu'il permet à une masse d'hommes de prendre une vue d'ensemble de leur situation en évitant de se poser les questions troublantes, qui sont traditionnellement celles de la philosophie : la Vérité, le Mal, l'Autorité, la Violence, Dieu, et, bien sûr, l'Homme dans son « être-là ». Le marxisme est une philosophie qui permet de se passer de la philosophie. Une *praxis,* c'est-à-dire une action qui enveloppe, qui épouse la réflexion. Or, nous vivons à une époque qui a ramené ses croyances du Ciel sur la Terre. Moins athée (c'est le XVIIIᵉ siècle qui l'était) que pratique. Si le marxisme, comme le rappelait récemment l'étude monumentale de Michel Henry, est une pensée de la vie en travail qu'aliène une économie perverse, une interprétation de l'être comme action et production, désir et effort de devenir homme à travers le modelage de la Terre, alors il est bien la philosophie qu'appelle la société où nous sommes.

Kostas Axelos a baptisé Marx « penseur de la technique ». Certes, Marx ne l'est pas, dans la mesure où, après avoir si mal compris le machinisme, il ne nous dit rien qui puisse nous éclairer sur l'informatique. Mais il l'est profondément en ceci qu'il a, pour longtemps, lié la pensée aux conditions d'existence *(Voraussetzungen)* de l'homme, habitant et producteur : il nous a appris à ne jamais considérer une idée hors de la situation où elle apparaît et où elle opère, et, par conséquent, à distinguer dans l'idée ce qui est camouflage (« mystification ») de ce qui est compréhension authentique.

C'est par là que le marxisme tient à notre époque, qu'il accompagnera aussi longtemps qu'elle restera dominée par la production industrielle ; car il exprime l'essence et l'espérance de cette société qui désire à la fois profiter des bienfaits de l'industrie et se libérer, se reposer, après tant de contraintes, de travaux et de violences nécessaires à son instauration. Le marxisme porte en lui ce double et contradictoire désir. Il est probable qu'il ne possède plus, en France, la vigueur nécessaire pour susciter une révolution et fonder un État, mais il inspire une mentalité. Sceptiques à l'égard de la Providence et du progrès, les Français croient encore au bien-être, parce qu'ils en profitent et qu'ils n'imaginent pas que sa production puisse se ralentir, sinon par l'effet d'une conspiration de dirigeants cupides et malfaisants. Le capitalisme qui nous enveloppe est agnostique, il ne se prononce pas sur les fins. Dans la mesure où il a besoin d'une doctrine, j'oserais dire que c'est Marx qui la lui fournit : optimisme rationaliste, mystique de la production, confiance dans les dons inépuisables de la nature... tout cela couronné par l'utopie de la fin de l'histoire, ce moment merveilleux où le plein emploi des forces humaines mettra fin aux conditions limitées des formes précaires de production.

Marx reprochait au capitalisme non pas d'en faire trop, mais de freiner le développement. Sa visée rejoint aujourd'hui le fonctionnement de l'*affluent society,* mais par des voies conscientes et dialectiques, et lui donne cet horizon métaphysique, ce sens intelligible dont les Français sont friands. Discrédité comme théorie de la lutte des classes en Europe, le marxisme garde un avenir comme négation, provocation, stimulation d'un capitalisme qui bute sur l'inflation et le chômage. Comme Péguy l'avait deviné, comme Castoriadis l'a montré, il est beaucoup plus que la philosophie du prolétariat : il est celle de la bourgeoisie conquérante et productiviste. Il la suit comme son ombre — l'aiguillon à la main. Le cas échéant, il lui donne même un coup de main en lui fournissant des matériaux pour ses idéologies nouvelles, comme on le verra à propos de la systémique.

Décidément, Marx est bien mort, et l'on ne retrouve de lui que des reliques dispersées que ses disciples se sont appropriées, de même que, jadis, Romains et Byzantins se disputaient les morceaux de la sainte tunique. Et le marxisme qui, selon la formule de M. Henry, est la somme des contresens commis sur la pensée de Marx, le marxisme a volé en éclats. Il prétendait faire l'unité de ce qui doit être avec ce qui nécessairement sera. Mais la morale est partie avec Garaudy, la science avec Althusser. Et, surtout, ce qui s'est fait en son nom constitue le démenti le plus éclatant que la réalité ait jamais infligé à une pensée. Mais si le marxisme français, qui d'ailleurs ne fut jamais très vivant, a perdu sa vigueur politique, il n'en subsiste pas moins dans les milieux de l'école, de l'Université, de la recherche, de la culture. Suprême injure à son fondateur : cette doctrine de l'action est devenue un instrument de critique théorique qui ne menace guère les fondements du capitalisme. Le marxisme inspire une partie de la recherche sociale, qu'il encadre dans sa rigueur méthodique et son souci de totalisation, en même temps d'ailleurs qu'il fournit à l'idéologie ambiante un arsenal de démystifications à bon marché. Telle est la situation en France, où le marxisme n'inspire aucune étude d'envergure, mais seulement des travaux limités d'histoire, de sociologie et de psychologie.

Faut-il passer à une autre dimension, et dire, avec Henri Lefebvre — qui fut, il y a cinquante ans, l'un des premiers introducteurs des œuvres de Marx —, que l'échec théorique et pratique du marxisme en Europe est un échec régional et temporaire ? Si le marxisme a perdu chez nous sa véracité et sa créativité, n'est-il pas, dans le même temps, « devenu monde » ? Les contradictions annoncées par Marx, le capitalisme a su les transférer à l'ensemble de la planète, et la lutte finale aura lieu non pas entre les classes ouvrières et les

30

bourgeoisies européennes, mais entre les nations prolétaires et les nations nanties. Marx s'est trompé à l'échelle de l'Europe, mais il aura raison à l'échelle du monde...

Nul ne peut prédire que le capitalisme sera capable de relever ce second défi comme il a relevé le premier. Où en serait-il sans la contestation pressante de ce frère jumeau ? La sphère de progression du marxisme lui indique le lieu de l'urgence : saura-t-il réduire le sous-développement, rapprocher le Sud du Nord comme il a su abolir la misère et rapprocher les conditions sociales dans les pays industriels ? Rendez-vous en 2001. Karl Marx, écrivait Castoriadis, ressemble à ces bourgeois dont il se moquait : il prétend arrêter l'Histoire. Or il est lui-même prisonnier d'une Histoire, représentant typique de l'époque du capitalisme ascendant. Mais lorsque celle-ci approche de son terme, l'Histoire ne s'arrête pas, d'autres conflits et d'autres synthèses s'esquissent, une Histoire qu'on ne doit pas imaginer sur le modèle de l'ancienne.

BIBLIOGRAPHIE

Auteurs cités :

*** Louis Althusser, *Pour Marx*, Maspero.
 ** Kostas Axelos, *Marx, penseur de la technique*, Minuit.
  * Jean-Marie Benoist, *Marx est mort*, Gallimard.
 ** Cornelius Castoriadis, *L'Institution imaginaire de la société*, Seuil. Particulièrement le chap. 1 : « Le marxisme bilan provisoire. »
  * Roger Garaudy, *Appel aux vivants*, Seuil.
*** Michel Henry, *Marx*, Gallimard, 2 vol.
  * Henri Lefebvre, *Une pensée devenue monde*, Fayard.

* Daniel Lindenberg, *Le Marxisme introuvable*, Calmann-Lévy.
*** Jean-Paul Sartre, *Critique de la raison dialectique*, Gallimard.

Outre ces ouvrages, on lira avec profit :

** Henri Calvez, *La Pensée de K. Marx*, Seuil.
*** Jean-Jacques Lentz, *De l'Amérique et de la Russie*, Seuil. En particulier le chapitre intitulé « Le langage des conditions ».
** Kostas Papaioannou, *De marx et du marxisme*, Gallimard.
** François Perroux, « Introduction à K. Marx », *Œuvres*, t. I, Gallimard, « Bibl. de la Pléiade ».

Les nouveaux historiens

Chaque époque récrit l'histoire pour son compte, car la culture occidentale avance avec ses deux projecteurs braqués, l'un vers l'avant et l'autre vers l'arrière. Ainsi notre présent est-il doublement focal : les deux faisceaux qu'il émet lui reviennent réverbérés. Ces réverbérations sont sa légende et son utopie. Certaines époques regardent davantage vers l'avant ; d'autres vers l'arrière. La nôtre, qui, dans les années soixante, lançait ses échelles à l'assaut des décennies suivantes (ô l'horizon 80, que de sottises a-t-on écrites à ta gloire !), la nôtre fait volte-face. Le meilleur indice en est que l'histoire prend la place de la prospective et de la science-fiction. Les faiseurs d'utopie ont pratiquement disparu, mais les historiens abondent, et ils sont de qualité, encore que la contrefaçon accompagne, comme toujours, la réussite. Les éditeurs vous le diront : faites dans l'histoire et vous vendrez ce que vous voudrez, biographies de rois, Mémoires de pauvres, mais aussi essais savants et albums luxueux.

Car, à côté d'*Angélique, marquise des anges,* et des amours télévisées de Joséphine, on a enregistré, ces dernières années, le succès public d'œuvres savantes, tel *Montaillou, village occitan, de 1294 à 1324,* d'Emmanuel Le Roy Ladurie. Au passage, je relève parmi ces nouveaux historiens en vogue une bonne proportion d'anciens combattants de la gauche. Quand le présent déçoit, le passé réconforte. Ce qu'on appelle la « nouvelle histoire » (on m'excusera de regrouper sous cette enseigne commode des auteurs éminents et différents, dont je ne puis d'ailleurs citer qu'un petit nombre) ne date pas d'aujourd'hui. Sa source première se trouve dans l'école des *Annales* (Marc Bloch, Lucien Febvre...), déjà prestigieuse avant la guerre, mais sa percée est récente. L'école historienne française est au zénith, et il ne s'agit pas seulement de quelques maîtres isolés, c'est tout un mouvement actif en province, où érudits et étudiants remuent caves et greniers, sans parler du sous-sol, pour en extraire des trésors oubliés.

Cette passion pour l'histoire signifie-t-elle que les Français ne se voient plus d'avenir que dans le passé ? La façon dont opèrent nos nouveaux historiens marque davantage notre présent que ne le faisaient nos grisantes visions d'avenir. C'est cette nouvelle histoire qui joue le rôle jadis imparti aux grandes philosophies : elle nous avertit que nous changeons de position à l'égard de l'espace et du temps, et que notre monde bascule, nous découvrant de nouvelles constellations.

Louis Althusser a remercié Marx d'« avoir ouvert le continent-histoire ». C'est exagéré : d'autres y avaient déjà pénétré, Jules Michelet surtout, qui était allé dans les archives exhumer les restes de ce grand peuple français qu'il voulait ressusciter. Mais il est vrai que Marx innove sur des points décisifs. A la glorification des héros, individuels ou collectifs, classiques ou romantiques, il substitue l'analyse des formations sociales : l'homme produit sa substance, matérielle et spirituelle ; il se produit en même temps que les objets. L'histoire passe à travers le jeu des structures et des superstructures : elle est *pratique* et *dialectique* ; elle se conquiert à la fois sur le milieu et sur les mystifications. Ce qu'ignorait l'histoire classique, ce que mythifiait l'histoire romantique — les souffrances et les espérances des masses, la longue nuit des peuples secouée de révoltes —, Marx le restitue comme un mécanisme où se combinent et s'affrontent nécessités et illusions. Deux points majeurs sont ainsi posés, dont tous les nouveaux historiens (de Berque à Le Goff, de Duby à Vovelle) s'inspireront. D'abord, l'histoire politique, celle des hommes d'État et de guerre, l'histoire diplomatique et batailleuse, laisse place à la réalité qu'elle occultait : cette « activité fantastique au ras du sol », cette « nappe d'histoire stagnante », que Fernand Braudel nomme la « vie matérielle » (titre de sa dernière œuvre), et qui concerne en somme de 80 à 90 % de la population. Le second point, c'est le dévoilement des mystifications idéologiques dont les puissants enveloppent leur domination, et parmi elles, précisément, une histoire fallacieuse qui fournit le meilleur document qui soit sur l'époque où elle fut écrite — l'histoire elle-même devenue cible de choix pour nos historiens (qu'on lise, par exemple, le recueil de François Furet sur les interprétations de la Révolution française).

Cependant, on ne retient de Marx que ce qu'Althusser situe après la « coupure épistémologique ». Le Marx qui avait cru trouver dans le prolétariat le sujet sauveur n'est pas le bon. Ce Marx-là continue d'écrire l'histoire sainte. L'idée marxienne de fin de l'histoire est étrangère à des auteurs pour lesquels l'histoire est une totalité englobante, indéfiniment recommencée, qui ne saurait avoir de sens, d'origine ni de fin. En somme, il y a deux manières d'assurer le triomphe de la raison sur le chaos des événements : l'une est d'ouvrir une issue vers le paradis révolutionnaire ; l'autre est de dissoudre les événements eux-mêmes dans un *continuum* où liberté et finalité laissent place à de grandes marées collectives. Ainsi l'historien fera-t-il sauter, les uns après les autres, les prétendus « faits historiques », creux et pourris comme de vieux champignons. Ce qu'il scrute, à quatre pattes dans les champs, c'est le mycélium, le subtil réseau des filaments qui maillent le sol. « Les faits n'existent pas », proclame Paul Veyne. Les « faits » sont une question de point de vue, de grossissement. En réalité, ce sont les discours qui les constituent, qui les « appellent », comme dit Michel Foucault, à se ranger dans les énoncés — ainsi la folie, au XIXᵉ siècle, dans la psychiatrie.

Des faits divers qui se répètent, écrit Braudel, ça donne des structures. C'est pourquoi nous appelons « émergence » ce qu'on appelait naguère événement. Notre époque est obsédée par les catacombes : ce qu'elle décrit n'est pas ce qui portait jusqu'à présent le nom de réalité, c'est « les choses cachées derrière les choses », comme disait le peintre de *Quai des brumes*.

Fabuleuse plongée. Elle accompagne l'explosion de notre savoir, notre montée vers les astres et notre descente vers les molécules. Toutes les sciences de l'homme participent à l'expédition, en apportant non seulement leurs instruments d'analyse, mais d'abord leurs questions, puisque, pour citer encore P. Veyne, « l'histoire n'existe que par rapport aux questions que nous lui posons ». Autrefois, elle racontait des épisodes édifiants ou distrayants. Maintenant, elle ne s'en laisse plus conter. Je l'ai déjà dit : nous vivons à l'ère du soupçon. Si tout est discours, comme le répètent structuralistes et sémiologues, tout discours est suspect : d'où sort-il ? Qui sert-il ? Il faut donc enquêter, comparer, autopsier. Pour cela, on dispose d'une arme absolue, le freudisme, et d'un arsenal inépuisable, qui va de la dendrologie (étude des arbres) à la sémiologie (étude du rôle des signes culturels dans la vie des groupes). Et l'ordinateur est arrivé à point pour traiter cette masse d'informations quantitatives que l'historien récolte dans les réserves des archives. Ainsi chaque époque se concentre-t-elle sur une discipline reine. Ce fut successivement la théologie, la rhétorique, la philosophie, l'économie. C'est maintenant l'histoire qui draine et récapitule nos connaissances, c'est l'histoire qui aspire à ce statut de science totale que la sociologie, dans les quinze dernières années, tenta d'occuper.

« Le temps court est la plus trompeuse et la plus capricieuse des données », écrit Braudel. D'accord, mais cette histoire dilatée et structuralisée, cette anthropologie de tous les temps et de tous les lieux, construite à partir de toutes les structures formalisables, est-ce bien encore de l'histoire ? Lisez la trilogie de Braudel, « évocation d'une culture matérielle, celle des objets, des outils, des gestes au jour le jour du commun des hommes » : vous passerez à travers de minutieuses recherches sur la nourriture, la culture, l'habitat, l'énergie, les transports, la monnaie, avant d'arriver, avec le troisième tome, à ce qu'il était convenu d'appeler histoire. Si l'on voulait être méchant, on dirait que cette nouvelle histoire explique tout, en effet, sauf la durée, l'évolution, le changement. Sa trame est serrée, chatoyante, mais est-ce la trame du temps ?

Avec le structuralisme, la synchronie (phénomènes linguistiques étudiés à un moment déterminé) a pris le dessus sur la diachronie (mêmes phénomènes étudiés dans leur évolution). Le découpage en énoncés (Foucault), en instances (Althusser), en séries (Chaunu), en grandes séquences qui ont chacune leur temporalité propre, remplace la répartition traditionnelle en siècles, en périodes, en « civilisations » (à la manière de Toynbee). Il brise les entités autour desquelles les historiens organisaient leur récit : empires, États, coalitions..., pour y substituer des réalités jusqu'alors négligées :

vie quotidienne, nourriture, sexualité, « manières de faire »,
comme dit Michel de Certeau, épidémies, sentiments et
passions (voir les histoires de la famille, de l'enfance, de la
mort, où s'est illustré Philippe Ariès...). Et l'on s'aperçoit
que la peste a plus de conséquences que bien des hauts faits
dont nous entretenaient les manuels, et que les flux démo-
graphiques et économiques conditionnent la politique et la
culture. Ainsi, le passé n'est plus ce qu'il était, il ne ressemble
plus à ce fleuve qui coulait jusqu'à nous, il est fait d'une
multitude de ruisseaux et d'étangs qui se répandent en tous
sens. Ou plutôt, car cette comparaison reste horizontale
alors que les structures et les durées se superposent, nous
dirons que le biscuit favori du nouvel historien est le feuille-
té. L'événement singulier n'y figure que comme une conden-
sation, un grumeau ; il n'apparaît qu'au point de rencontre
— la *conjoncture* — de réseaux plus ou moins occultés. Veyne
rejoint Foucault proclamant la « mort de l'homme » : « Il
n'y a pas d'individus absolument, mais des individués, rela-
tivement au niveau adopté. » Autrement dit, l'homme
singulier, c'est un « champ » arbitrairement découpé par
l'humanisme — ou alors c'est le point de croisement hypo-
thétique de déterminations collectives.

Cependant, on se demande comment ces flux, ces forces,
ces instances parviennent à se rencontrer. Si, en effet, la
« vie matérielle » a un rythme bien plus lent que celui de la
vie culturelle ; si, comme l'écrit P. Veyne, « le droit romain
ne prend pas place dans une boîte appelée Rome, mais
parmi les autres droits », comment faire pour que ces séries
se croisent à un moment donné, dans une population
donnée ? Je veux bien vivre dans plusieurs dimensions, il
reste qu'à certains moments, qui sont les plus importants, les
« moments historiques », ma vie se noue à celle des autres
dans une simultanéité qui s'appelle guerre, libération, révo-

lution, crise... Ces moments nodaux, ces événements éminents (dont l'affaire Dreyfus était, pour Péguy, le modèle), ils n'intéressent guère nos historiens. Leur histoire ne rassemble pas, elle *sépare,* et le fait consciemment. Ce qui l'intéresse surtout, c'est la différence, l'*écart,* qui permet de mesurer la valeur relative des données et de dresser l'inventaire. D'où l'importance attribuée à tout ce qui est marge, fête, délinquance. D'où le traitement différentiel des statistiques. Un magnifique exemple en est ce *Carnaval de Romans,* dans lequel E. Le Roy Ladurie a combiné une patience de chartiste avec une virtuosité d'artiste : autour du Mardi gras de 1580, dans une ville de huit mille habitants, se noue une tragédie que l'historien éclaire à l'aide d'une minutieuse enquête fiscale et cadastrale, et d'une analyse mythologique inspirée de Lévi-Strauss. Et cette fête qui a mal tourné nous révèle la lutte de classes au XVIᵉ siècle.

Mais comment apprécier, comment relier entre elles ces éblouissantes incursions dans le passé, si l'on a perdu le fil de la chronologie ? Répercutée et exagérée par des programmes et des enseignants d'avant-garde, la nouvelle histoire, certes, agrandit l'horizon des élèves et les prépare à une vue plus profonde et plus globale de la société, mais elle les laisse dépourvus de repères, flottant entre les pharaons et la décolonisation. On abusait sans doute de Vercingétorix, encore savait-on qu'il se situait avant Napoléon. Désormais, on n'enseigne pratiquement plus l'histoire de France dans la plupart de nos écoles. Gain d'humanité, perte d'identité. Une nation n'existe pas sans une tradition. Pourquoi, seuls, n'aurions-nous pas droit à notre « différence » ? Et pourquoi, si tout est mythologie, n'aurions-nous pas droit, nous aussi, à notre légende ?

Étrange renversement. L'historien d'autrefois croyait

fixer l'histoire à jamais : tout bougeait en arrière de lui, qui était stable. Ce qui reste aujourd'hui d'historique dans l'histoire, c'est l'historien : ce qu'il décrit ne bouge pas, ou imperceptiblement, mais lui a conscience d'appartenir à un temps et à un lieu, et il avoue que ce qui donne leur couleur aux dépouilles du passé, ce sont les idées et les sentiments qu'il y suppose. Paradoxal mélange d'abstrait et de concret : pour ces historiens, tout est affaire de concepts, de formalisation, et pourtant ils travaillent dans l'épaisseur de la masse, dans le grouillement des chiffres, dans le non-dit des groupes et des institutions... Paradoxal mélange de relatif et d'absolu : ils ont le sentiment aigu de leur situation temporelle et culturelle, au point qu'à la limite un changement historique ne pourrait être qu'un changement d'historien, et pourtant ils prétendent tout intégrer dans leur « tentative fascinante d'histoire totale » (Le Roy Ladurie).

Alors, l'histoire serait-elle ce qui ne change pas, ce qui annule le progrès — dans le moment même où la civilisation technique devient œcuménique ?... Et ne s'expose-t-il pas, sinon à la mauvaise foi, du moins à l'ambiguïté, l'historien qui, tout en se disant modestement subjectif, conjoncturel et limité, prétend à une histoire totale dont les intruments conceptuels et techniques (aussi bien le marxisme que l'ordinateur) appartiennent à cet Occident qu'il réduit par ailleurs à un canton de l'univers ?

L'histoire « scientifique » est un mythe : l'historien s'en aperçoit d'autant mieux qu'il dispose des moyens de recherche les plus perfectionnés. Plus on avance vers la réalité du passé, plus elle se dérobe. L'ordinateur ? On peut s'appuyer sur lui pour étayer une hypothèse, enrichir une démonstration, mais l'histoire informatique engendre la monotonie et l'ennui. D'où l'essai de restituer ce qui se passe dans la tête des gens, tout en sachant qu'on n'y arrivera

jamais ; d'où ce « retour au récit » que signale l'historien
américain Lawrence Stone et qu'illustre en France le succès
de ces autobiographies populaires du genre *Cheval d'orgueil*
et *Soupe aux herbes sauvages* — « mémoire du peuple », pour
reprendre le titre d'une collection de l'éditeur Maspero. La
voix des humbles resurgit ainsi, dans les marges de l'histoire
savante amputée de ses héros abusifs. « Reste » humain
qu'aucune analyse ne résorbe.

Histoire totale ou occidentale, histoire du passé ou indice
de l'avidité contemporaine pour ce qui a cessé d'être, histoire scientifique ou récit subjectif..., la nouvelle histoire suscite
les mêmes contradictions que, naguère, le nouveau roman.
C'est que, comme lui, elle porte un signe augural de notre
époque. Car il ne s'agit plus d'opposer un nouveau positivisme à des lyrismes exténués. Comme l'a souligné Edgar
Morin, toute observation, aujourd'hui, implique l'observateur. C'est vrai de l'histoire comme de la physique. Plus les
objets connus s'accumulent, se compliquent et s'éloignent,
plus, en apparence, la connaissance se déshumanise, et plus
l'observateur prend conscience du rôle qu'il joue. L'acharne-
ment qu'il met à nier le sujet, à ne plus apercevoir des gens
mais seulement des structures n'est-il pas une façon inconsciente (à mon tour de soupçonner !) de masquer son impérialisme ? Décomposer la temporalité de l'histoire tout en
accentuant celle de l'historien, cela peut conduire à toutes les
manipulations du passé par le présent. « L'essentiel est de
savoir faire l'histoire dont aujourd'hui a besoin », lit-on
dans l'introduction à *Faire de l'histoire,* sorte de manifeste
collectif des nouveaux historiens...

Mais, justement, cette nouvelle façon d'écrire l'histoire ne
risque-t-elle pas de nous empêcher de *faire* (au sens pratique)
notre histoire ? Certes, elle nous libère de notre ethnocen-

trisme, elle nous décolonise, elle nous ouvre à la richesse du monde. Grâce à elle, les « peuples sans histoire » retrouvent leur légitimité. Mais il serait cruel qu'en rendant une histoire à ceux qui n'en avaient pas on nous retire la nôtre. Mesurons donc le déplacement, le décentrement. Nous avons perdu notre « vision de vainqueurs ». Est-ce pour adopter une vision de vaincus ? Alors, l'historien n'aurait mis bas les empires que pour instaurer le sien. Qu'il borne donc son territoire ! L'impérialisme des sciences humaines est le pire. Tout est percé à jour, tout devient signe, mais les signes ne signifient plus rien. Tout est humain, mais il n'y a plus d'hommes... Tout est occidental, mais l'Occident se résorbe dans un passé où l'on ne trouve plus que des différences, sans les critères qui permettraient de les poser et de les apprécier. Tout est histoire, et finalement rien ne peut l'être dans un monde que ne structure ni le progrès des hommes ni la parole de Dieu.

C'est ici que notre culture hésite. Parvenue à ce point sublime où, pour la première fois, elle embrasse la totalité des siècles et des civilisations, elle se demande ce qu'elle en tirera : un rebondissement de sa propre histoire (car elle, du moins, en a une) ou le dégoût, la haine de soi, la négation névrotique de sa liberté.

BIBLIOGRAPHIE

** *Faire de l'histoire* (sous la direction de Jacques Le Goff et Pierre Nora), Gallimard, 3 vol.
 * Fernand Braudel, *Écrits sur l'histoire*, A. Colin.
** Michel de Certeau, *L'Écriture de l'histoire*, Gallimard.
** Michel Foucault, *L'Archéologie du savoir*, Gallimard.

* Emmanuel Le Roy Ladurie, *Le Territoire de l'historien*, Gallimard.
** Edgar Morin, *La Méthode*, Seuil, 2 vol.
* Lawrence Stone, « Retour au récit », *Le Débat*, sept. 1980.
* Paul Veyne, *L'Inventaire des différences*, et *Comment on écrit l'histoire*, Seuil.

Quelques œuvres exemplaires :

* Philippe Ariès, *L'Enfant et la Vie familiale sous l'Ancien Régime*, Seuil.
** Jacques Berque, *Les Arabes d'hier à demain*, Seuil.
** Fernand Braudel, *Civilisation matérielle, Économie et Capitalisme (xv*e*-xviii*e* siècle)*, A. Colin, 3 vol.
* Jean Delumeau, *L'Histoire de la peur*, Flammarion.
** Georges Duby, *Les Trois Ordres ou l'Imaginaire du féodalisme*, Gallimard.
** François Furet, *Penser la Révolution française*, Gallimard.
* Jacques Le Goff, *Pour un autre Moyen Age*, Gallimard.
* Emmanuel Le Roy Ladurie, *Le Carnaval de Romans*, Gallimard.
* Paul Veyne, *Le Pain et le Cirque*, Seuil.
* Michel Vovelle, *Villes et Campagnes*, éditions Sociales.

On trouvera aussi dans le mensuel *L'Histoire*, 57, rue de Seine, 75006 Paris, des études plus courtes qui relèvent souvent des méthodes de la nouvelle histoire.

De Freud à Lacan

Freud influence notre époque davantage encore que Marx. Car si le marxisme a engendré des États, la psychanalyse continue de façonner des mentalités. On a cherché des compromis entre les deux, mais en vain : le freudisme s'empare de tout ce qu'il touche, car sa nature convient à des sociétés qui ont renoncé aux ivresses collectives pour les plaisirs de la vie privée.

Depuis une vingtaine d'années, en France, la psychanalyse sert d'ersatz aussi bien à la religion qu'à la révolution. Aux âmes en peine, elle apporte un moyen de se confesser qui se pare des prestiges d'une science à la mode. Aux déçus de la révolution et de la contestation, un outil magnifique pour s'innocenter tout en accusant, en culpabilisant, en « pathologisant » les autorités et les institutions. « Une maladie qui se prend pour son remède », selon la définition qu'en donnait Karl Krauss... La psychanalyse de Freud, c'était d'abord une thérapeutique, une *cure,* et c'est devenu une vision du monde. Remède ou maladie ? L'un et l'autre, l'un par l'autre, dans la mesure où le malade appelle le médecin et où le nombre des médecins augmente le nombre des malades.

Comme le marxisme, le freudisme est irréfutable pour la bonne raison que tous les deux se présentent non comme des sciences ou des théories, mais comme des pratiques. Le premier devrait se vérifier dans l'action, le second dans la guérison. Ce sont des itinéraires, des parcours. Vérités éprouvées, et non prouvées. Quiconque avance en elles se sent différent des autres, supérieur. Il ne discute plus, il explique, il démasque, il intègre. Freudisme et marxisme, en effet, fonctionnent comme des machines à discréditer l'objection : pour Marx, elle ne peut provenir que de la *mystification,* pour Freud que de l'*illusion.* La « résistance à la psychanalyse » est le symptôme d'un complexe à soigner, de même que la résistance au marxisme prouve qu'on est perverti par l'esprit bourgeois. D'une façon ou d'une autre, on se retrouve aliéné. Cet aspect initiatique, particulièrement développé dans le freudisme, est sans doute la cause principale de son succès foudroyant. Cultiver les mystères était jadis réservé à de petits cercles fermés. Si le clergé psychanalytique s'ordonne lui-même, à la ressemblance de la franc-maçonnerie (il compte, en France, environ 3 000 membres), grâce aux magazines, à la radio-télévision, à la mode, tout le monde parle de *refoulement,* d'*investissement,* de *stade anal* et de *blessure narcissique*[1]. Par la grâce des médias, Éleusis, désormais, est ouvert au public.

Curieuse aventure : le freudisme, longtemps retardé en France par la méconnaissance de l'allemand (c'est en allemand qu'il se comprend pleinement, comme d'ailleurs toutes les grandes interprétations de notre époque) ainsi que par l'hostilité conjuguée de la religion et de la médecine, fait une entrée triomphale dans les annnées cinquante. Il envahit en même temps les milieux spécialisés et le grand public, mais sous des formes très différentes. Vulgairement, il est assimilé

---

1. Tout le monde en parle, mais la grande majorité préfère se tenir à distance. Selon un sondage publié en 1980 par *le Nouvel Observateur*, 65 % des Français refuseraient une psychanalyse, même gratuite.

au défoulement, à l'explosion des désirs et des plaisirs qui fait suite à dix années de mobilisation et accompagne la libération individuelle, particulièrement sexuelle. C'est Herbert Marcuse qui lui donne sa meilleure formulation avec son livre *Éros et Civilisation,* lequel, publié aux États-Unis en 1955, ne paraît en traduction française qu'en 1963. Pour Marcuse, nos sociétés sont arrivées à un stade de développement technique suffisant pour qu'on cesse d'y investir de nouveaux efforts. Le temps est venu du repos, de la volupté, de l'amitié. La leçon transmise par les étudiants allemands aux étudiants parisiens éclate en Mai 68 : « Jouissez sans contrainte. »

Ce qu'on prenait pour du freudisme n'en était pas, ou si peu ! Ni Marcuse ni encore moins Wilhelm Reich, le théoricien de la révolution orgasmique, ne sont fidèles à Freud, car celui-ci, s'il a découvert l'importance polymorphe de la sexualité (particulièrement de la sexualité infantile), est tout le contraire d'un apôtre du défoulement sexuel, non seulement parce que lui-même appartient à une stricte culture bourgeoise, mais parce qu'il pense que toute civilisation est fondée sur la sublimation des instincts. Mais la vague d'émancipation qui soulève les sociétés industrielles dans les années soixante recouvrira ce point fondamental. Bon gré mal gré, la psychanalyse devient la justification — parfois la motivation — des couples qui divorcent, des prêtres qui défroquent et des enfants qui ne peuvent plus sentir leurs parents. Elle fait honte aux pères de leur autorité, aux jeunes filles de leur virginité. Elle substitue, en somme, à l'éthique du sacrifice celle de la permissivité. Certes, depuis toujours, des maris ont abandonné leur femme, des prêtres leur Église, et des enfants ont eu envie de tuer leur père. Mais c'est la première fois qu'une théorie — et pas n'importe laquelle : une psychologie des *profondeurs* — leur fournit une justification « scientifique », c'est la première fois que la normalité — à défaut de la moralité — se trouve de leur côté.

Chacun appréciera à sa guise cette subversion. Elle offre des alibis faciles à la rupture des engagements, mais aussi elle arrive au bon moment pour reconstituer, de pièces et de morceaux, un *counseling* (une sorte de guidage) à l'usage de la multitude grandissante de ceux qui n'ont plus pour les guider ni les grands-parents, ni le curé, ni l'instituteur. Sur les ondes et les pages des journaux se distribuent toutes sortes de bons conseils, dont le modèle a été donné par Françoise Dolto. Sagesse pratique qui souvent rompt avec les sottises traditionnelles. Le mal que les parents font, sans le vouloir, à leurs enfants est incalculable (le dernier roman qui en atteste est le terrible *Mars* de Fritz Zorn). Et, pourtant, les parents sont difficiles à remplacer. Le déclin de l'autorité parentale (ce qui n'équivaut pas, loin de là, au déclin de la famille), le déclin parallèle de l'autorité scolaire appelaient un substitut, c'est cette psychanalyse vulgarisée par les médias qui est devenue le lieu commun de notre pédagogie : elle sécurise, elle console, elle aide à parler... Aide-t-elle à grandir ? Le soupçon répandu sur toutes les formes de sacrifice, la démolition du Sur-Moi, le projecteur braqué sur ce que Malraux appelait le « misérable petit tas de secrets » développent cette conduite moins égoïste qu'égotiste qui caractérise une grande partie de ce qu'on appelle aux États-Unis l'*Ego generation,* et qui n'est plus un monopole américain.

Paradoxalement, c'est dans une direction inverse que le freudisme théorique s'est orienté, en France, pendant ces trente dernières années. Loin de mettre l'Ego en valeur, loin de nourrir les prétentions du Moi, il s'est intégré à cette vaste entreprise de « déconstruction » du sujet traditionnel qu'on a baptisée du nom de structuralisme. Alors qu'aux États-Unis la psychanalyse, après avoir fait fureur, se dilue dans un éventail de psychothérapies aux formes innombrables, en France elle glisse de la thérapeutique à la problématique du sujet et, comme l'ethnologie de Lévi-Strauss, elle occupe, bon gré mal gré, la place des philosophies réflexives qu'intimide le triomphe des sciences de l'homme. Philosophie honteuse, qui se moque de la philosophie, mais philosophie quand même, puisqu'elle tranche — avec quelle autorité ! — de la nature et du statut de l'être humain. En France, la science, comme la politique, tourne toujours en métaphysique. C'est notre privilège — et quelquefois notre ridicule. Je laisserai pourtant de côté le comique de secte qui s'étale maintenant dans les journaux, et que François Georges a mis en scène dans un pamphlet étourdissant. Pères castrateurs et mères phalliques abondent dans les sociétés de psychanalyse. « Médecin, guéris-toi toi-même ! » Il est vrai que le Dr Lacan ne se présente pas en médecin, mais en fondateur d'une école dont le mot d'ordre est : « Retour à Freud. » Depuis 1950, il domine la psychanalyse française, et son influence est répercutée non seulement par ses disciples, mais par une légion d'essayistes et d'écrivains. C'est grâce à Jacques Lacan que la psychanalyse est devenue chez nous un fait culturel majeur, une référence intellectuelle indispensable, loin, très loin de cette vulgate marcusienne dont je parlais tout à l'heure.

« Si vous croyez avoir compris, vous avez sûrement tort. » On aurait vite fait, à l'écouter, de prendre Lacan pour un plaisantin, s'il n'avait fasciné quelques-uns des meilleurs esprits contemporains. L'équivoque et le calembour abondent dans ses propos, mais de ce galimatias provocant surgissent d'étranges lueurs. Lacan est une sorte de poète qui pêche au lancer dans l'inconscient ; sa gesticulation déconcerte ceux qui ne voient pas, de temps en temps, sortir un poisson. Mais il n'est pas toujours facile de trier, chez ce Salvador Dali de la psychanalyse, ce qui est éclair de génie de ce qui est imposture du génie. Lacan a une culture extraordinaire, qui sait créer des courts-circuits inattendus. De son discours ésotérique et mégalomaniaque, qu'on me pardonne, je retiendrai ceci : l'homme croit parler, en réalité il est parlé. « Le sujet est constitué par le langage, et non pas le contraire. » L'inconscient n'est pas cette cave où la conscience rejetterait ce qui la gêne, ce n'est pas un lieu, et en tout cas ce n'est pas moi qui y range les pulsions et les souvenirs refoulés : « L'inconscient est structuré comme un langage. » C'est lui qui donne le sens et la vérité (si du moins ces mots ont encore une valeur), pourvu qu'on l'accouche et qu'on l'entende.

Là est l'affirmation primordiale de Lacan. La langue — il écrira bientôt « lalangue » — nous traverse, nous porte et nous déporte. Le sujet n'est pas où il croit être. « Je pense où je ne suis pas, donc je ne suis pas où je pense. » Mais où suis-je donc ? Pour ainsi dire, dans le trou, dans la déchéance, l'abjection. Sartre, déjà, avait porté le premier coup : « La conscience n'a pas de dedans..., elle n'est rien que le refus d'être substance. » D'où la projection de la conscience dans le risque, vers la liberté. Mais le sujet de Lacan continue de gémir dans l'inexistence et, s'il « ex-iste », c'est en dehors de lui-même. Sauf quand on se suicide, on tombe toujours à côté, on se manque. Tout être humain est contraint de se détacher du père et de la mère par une « castration symbolique », laquelle pourtant ne le libérera pas, car le discours qui passe à travers l'inconscient comme un torrent — ou plutôt comme un égout — est celui de l'Autre absolu, de l'Autre auquel, à tout prix, nous voulons donner un nom, une figure. Tout le malheur de l'homme, en effet, tient à ce qu'il s'obstine à exister, ce qui l'oblige à investir désespérément dans tous les « signifiants » la réalité imaginaire d'autrui.

« Il n'y a pas d'objets désirables, il n'y a que des sujets désirants. L'objet du désir, ça se contruit et ça s'invente. » La sexualité elle-même n'est qu'un élément, et un leurre, de ce désir. « Il n'y a pas d'objet sexuel en soi. » Il n'y a même pas d'acte sexuel, à en croire Lacan. Tout rappport avec autrui est vain s'il ne se hausse au niveau symbolique, là où le langage, devenu métaphorique, offre une faille, une prise au sens. Cessons donc de nous attacher au Maître qui fait la Loi, le seul à pouvoir « jouir de droit ». Osons extirper de nous le Moi, ce « kyste de l'imaginaire », afin d'ouvrir le sujet à une parole « qui vient d'ailleurs et qui le traverse ».

On voit que le modèle biologique, présent chez Freud à travers le primat des pulsions, a cédé devant le modèle linguistique. En quoi Lacan prend place dans cette constellation dominante depuis la fin des années cinquante, qu'illustrent Roland Barthes, Jacques Derrida, Michel Foucault, Claude Lévi-Strauss, pour qui, dans la lignée du grand linguiste Saussure, le signifiant ne vaut pas par ce qu'il signifie, mais par le rapport qu'il entretient avec d'autres signifiants et avec les fonctions qu'il assume — économiques, culturelles, fantasmatiques. « Je ne peux penser que mon corps », a écrit R. Barthes. Ce corps est pour Lacan une architecture de signifiants où le phallus joue un rôle privilégié, repères de nos passions, de nos discours, de notre poésie.

Prouvez-le, me dira-t-on. J'en suis d'autant plus incapable que Lacan lui-même ne prouve rien : le savoir de l'inconscient étant, selon lui, un non-savoir, il parle de la parole, avec la parole. Ce qui donne force à ce qu'il dit, ce n'est pas seulement son talent verbal et sa séduction, c'est qu'il se situe dans le courant de ce grand fleuve qu'alimentent Hegel, Nietzsche et Heidegger, et où il puise abondamment sans s'en vanter, c'est qu'il est en plein dans l'esprit du temps. Au fond, l'essentiel du lacanisme se trouvait déjà chez Samuel Beckett, en particulier dans *Oh ! les beaux jours,* cette tragédie contemporaine où l'on voit une femme se noyer dans le bavardage qui la retient en vie : « Dire les mots, jusqu'à ce qu'ils me disent... jusqu'à ce qu'ils me trouvent. » La psychanalyse a d'étroits rapports avec la littérature : le fait de découvrir une vérité « théorique » en se découvrant soi-même porte à l'introspection, qui est chez nous, depuis Montaigne, un genre littéraire de premier plan. Le lacanisme y ajoute le jeu de mots, le jeu des mots, dont se régale cette « psycholittérature » (le terme est de Bernard Pingaud) dont le plus récent succès est *Grand Reportage,* un livre qui décrit la psychanalyse lacanienne d'une journaliste de gauche : « des millions de mots », tout part du langage et tout y revient.

Que, sous prétexte de retour à Freud, Lacan se soit considérablement écarté de son maître, cela me semble évident, mais l'important est ailleurs, dans l'impulsion nouvelle qu'il a donnée à la psychanalyse, et ses retombées sur notre culture et notre société. Lacan a sans doute évité à la psychanalyse française de se diluer, comme c'est arrivé aux États-Unis, dans un sous-freudisme diffus. En dissociant la répression du refoulement, Lacan ouvrait la voie à une réflexion institutionnelle et sociologique qui a eu sa fécondité. Comme le dit V. Descombes[1], « nous devons lui reconnaître d'avoir évité à la psychanalyse de sombrer dans

1. V. Descombes, in *Le Monde,* 3 août 1980.

une anthropologie naïve » en mettant en avant « la question du langage, de l'être parlant ». On a comparé Lacan à de Gaulle, non sans raison, car lui aussi nourrit la foule de symboles et s'est transformé lui-même en symbole. On le classe à gauche parce qu'il s'est démarqué de la psychanalyse d'adaptation, de conciliation, telle qu'elle est pratiquée aux États-Unis. Mais un homme de gauche se résignera mal à ce structuralisme qui oblitère le sujet libre et prétend même mettre l'inconscient en formules algébriques. Comment se fait-il donc que l'étiologie des névroses soit fondamentalement identique ? Comment s'explique la permanence et l'universalité du complexe d'Œdipe ? Et quelle est donc la nature de ce phénomène collectif : « lalangue » ?

Nos lacaniens éludent ces questions. Un psychanalyste qui n'était pas freudien, Carl Gustav Jung, mort en 1961, a tenté d'y répondre ; il a affirmé l'existence d'un inconscient collectif structuré par des « archétypes ». Excommunié par les freudiens, Jung revient sur scène aujourd'hui par le biais de l'ethnopsychologie et du « retour du religieux ». Mais c'est Lacan qui continue de dominer le freudisme en France, sans s'interroger d'ailleurs sur les conditions de ce succès. La psychanalyse n'aurait-elle pas son histoire ? demande Castoriadis. N'aurait-elle pas aussi son inconscient, son « non-dit », qui, comme le rappelle Robert Castel, sont le pouvoir et l'argent ? Car elle met en cause tous les pouvoirs, sauf le sien ; or c'est la seule théorie contemporaine qui ait partie liée avec l'argent — et il en faut pour être psychanalysé. La psychanalyse neutralise le social et le politique, elle « privatise » tout ce qu'elle touche. Et ce que P.-C. Racamier appelle la « psychanalyse sans divan » va dans le sens d'une médicalisation générale. La France est-elle en train de se transformer en « société psychiatrique avancée » ? La psychanalyse est-elle l'outil privilégié du consensus ?

Quel chemin parcouru depuis l'époque où Malraux et Sartre, presque dans les mêmes termes, proclamaient que l'homme n'est pas dans ce qu'il cache mais dans ce qu'il fait ! La prédication de l'engagement a conduit à la déception, mais où conduit cette exaltation du « manque », de la « perte inaugurale », de l'« abjection » ? Le lacanisme me fait penser à la grande pagode de Borobudur : tout en haut, dans le dernier stupa[1], on ne trouve aucune statue, il n'y a que le néant...

Dieu est mort, l'Autre ne répond pas, et le psychanalyste, siégeant au centre du vide, guide l'individu égaré dans la forêt des symboles. Mais le désir ainsi exalté ne peut se satisfaire longtemps du Rien ; il tend « vers ce qui n'est pas de l'homme » (Lacan), vers une approche mystique de Dieu. « La doctrine lacanienne, c'est un christianisme qui a mal tourné », écrit justement François George. Doctrine de salut, en effet, plus que de guérison. Il y a là un mimétisme de la religion, et l'on n'est pas loin d'un retour, au moins fantasmé, à la foi, parce que l'abjection de soi n'est pas supportable longtemps.

En tout cas, la question est posée à notre temps : que faire de cette « passion du signifiant », de cette énergie symbolique ? L'objet désirable ne vaut rien en soi, il est changeant, relatif au désir. René Girard en tire, nous le verrons, des conséquences essentielles pour notre économie politique. En vérité, les désirs libérés excèdent nos pouvoirs. Les gardera-t-on dans le champ œdipien ? Deviendrons-nous tous des frustrés de la société de consommation ? « C'est une lourde tâche, disait Freud, que d'avoir pour patient le genre humain tout entier. » Une grande partie de

1. Niche qui, dans les pagodes bouddhiques, abrite une statue.

l'humanité vit dans le besoin plutôt que dans le désir.
Rendre notre désir compatible avec ce besoin, je ne vois pas,
aujourd'hui, de tâche plus urgente.

BIBLIOGRAPHIE

Auteurs cités :

* Samuel Beckett, *Oh ! les beaux jours*, Minuit.
* Robert Castel, *Le Psychanalysme*, Maspero.
* Françoise Dolto, *Lorsque l'enfant paraît*, Seuil, 3 vol.
* François George, *L' « Effet yau de poêle » de Lacan et des lacaniens*, Hachette.
*** Jacques Lacan, *Écrits* et *Le Séminaire*, Livres II et XI, Seuil.
* Michèle Manceaux, *Grand Reportage*, Seuil.
* Herbert Marcuse, *Éros et Civilisation*, Minuit.
* Fritz Zorn, *Mars*, Gallimard.

On lira aussi avec profit :

** Charles-Philippe Brabant, *Clefs pour la psychanalyse*, Seghers.
** Serge Moscovici, *La Psychanalyse, son image et son public*, PUF.
* Wilhelm Reich, *Psychologie de masse du fascisme*, Payot.
** Paul Ricœur, *De l'interprétation, essai sur Freud*, Seuil.
* Sherry Turkle, *La France freudienne*, Grasset.
** « Regards sur la psychanalyse en France », *Nouvelle Revue de psychologie*, n° 20, automne 1979.
** « Psychanalyse », *Pouvoir*, n° 11, 1979, en particulier le résumé du lacanisme, par P. Legendre.
Et, naturellement, l'œuvre de Sigmund Freud.

Les nouveaux philosophes

Après 1968, on dirait que les philosophes ont quitté la France. Seuls les initiés connaissent les noms de Jankélévitch, Lévinas ou Ricœur. La philosophie s'est camouflée dans les sciences de l'homme. Linguistique, biologie, sociologie, psychologie et psychanalyse, sans oublier l'histoire qui les recouvre toutes, ont non seulement discrédité la réflexion pure, elles l'ont frappée d'inhibition : « D'où parlez-vous ? Qui servez-vous ? Venez çà, qu'on vous déconstruise... » Mais il est arrivé, au début du dernier quart de notre siècle, ce que Nietzsche avait prophétisé sous le nom de *nihilisme* : lorsque la science aura pris la place de Dieu et des valeurs mortes avec lui, elle s'effondrera d'elle-même, et l'on pourra enfin poser les vraies questions : quel est le but de cette vie, la raison de tant d'efforts ? A quoi servent le progrès, la politique, la science ?

Ce sont ces questions qui éclatent avec les « nouveaux philosophes ». Ils n'ont pas signé de manifeste, ils diffèrent par bien des points. Mais tous, sauf un, sont agrégés de philosophie, et presque tous sont normaliens ; ils ont suivi les séminaires d'Althusser et de Lacan, ils vénèrent Foucault ; plusieurs d'entre eux viennent de l'Union des étudiants communistes, dissoute pour hérésie ; ils ont vécu passionnément Mai 68 et, pour continuer la révolution qui semble bloquée en France, ils se sont donnés au maoïsme. Mais voilà que la révolution culturelle s'avère une imposture, voilà que la monumentale trilogie de Soljénitsyne révèle l'horreur du Goulag. Ces déceptions suscitent un énorme dégoût. L'échec politique se transforme en échec métaphysique. On vomit l'idéologie dont on s'était gavé ; on s'en prend à Marx, à Descartes, à la gauche, au progressisme, à l'État. Ce Mal du Siècle se transforme en une contre-attaque tous azimuts que les médias répercutent avec délices.

A première vue, on dirait une rupture. En réalité, les nouveaux philosophes reprennent la plupart des thèmes qui sont à la mode. Pour s'en convaincre, il suffit de lire *l'Ange,* que font paraître, début 1976, deux professeurs de philosophie bouleversés par l'échec de la révolution culturelle en Chine. Ces jeunes gens réalisent l'atroce vérité de l'enseignement de Lacan : le Maître a toujours le dernier mot. Si l'on avait cru à cette révolution culturelle, c'est parce qu'elle visait toutes les institutions, toutes les dominations (« Bombardez les états-majors », prescrivait Mao), mais la ruse est dévoilée : c'est le Maître lui-même qui organisait, qui manipulait la révolution. Alors, à quoi bon faire le rebelle, puisque les rebelles sont les instruments du Maître — pis : ils l'appellent, l'acclament et, au besoin, le fabriquent. Faudra-t-il donc nous résigner à ce répugnant compromis : sacrifier son désir au Maître, lequel, en échange, vous comblera de ses bienfaits ? Cela n'a de sens qu'à l'égard de Dieu (« On ne fait l'amour qu'en Dieu », avertissait Lacan). Le Maître laïc, lui, nous possède sans recours ; nos désirs même, c'est lui qui les suscite, les oriente, les raccole démocratiquement, car, ne l'oubliez pas, c'est l'interdit qui crée le désir, c'est la loi qui définit nos revendications.

« Tout est discours, il n'y a pas de nature. » Or, le Maître habite le discours, il s'identifie non seulement à son contenu, mais même à sa forme, à sa structure : « Le mode logique de la pensée, l'exercice raisonnable de la pensée nous interdit de penser la rébellion. » Voilà Descartes et Aristote mis au poteau. Mais, dès lors, on est coincé : si c'est le discours qui est la réalité et si c'est le Maître qui détient les clefs du discours, il nous bernera toujours, et la contestation fera système avec la domination... Pourtant, il existe un moyen, un seul, de sortir du piège, d'échapper à cette « maîtrise » qui nous colle au langage et à la peau, c'est précisément de trancher entre la peau et le langage, de dissocier le corps et le discours, car « tout le désir est du Maître, mais non tout le discours ». Donc désincarner, désexualiser le discours. Faire l'ange, imiter l'Ange, figure d'un autre désir par-delà les contraintes charnelles et logiques...

Ainsi vont nos maoïstes, de la révolution culturelle à la révolution chrétienne, celle des premières communautés évangéliques, celle des Pères du désert, qui rejetaient le mariage et le travail, et pratiquaient le mépris du corps. C'est du Lacan : en effaçant la différence sexuelle, on accède à la purification du désir, à l'Autre absolu, à la jouissance symbolique, la seule qui ne soit pas une ruse du Maître. Pour oublier Freud, pour échapper à l'obsédante clôture du désir et libérer la parole, il ne reste que ce saut périlleux dans le spirituel. L'Ange, « rebelle aux mains pures, illusion nécessaire », est la seule puissance qui puisse faire reculer le Maître...

Ce livre extravagant et profond renverse en manichéisme chrétien tout le structuralisme, sans jamais le mettre en question. On y trouve aussi bien Lévi-Strauss (c'est l'interdit qui gouverne la culture) que Foucault (le discours des connaissances est effet et moyen du pouvoir), que Lacan (c'est le Maître qui tire les ficelles du désir). Mais cet itinéraire échappe à la réalité, il se déroule en Chine, ou chez les premiers chrétiens — dans un monde de fantasmes. On dirait la contrepartie onirique de l'apologie de l'organisation et du progrès que font, chacun de leur côté, le technocrate et le marxiste. A ce moment, en effet, il n'y a plus, en France, de véritable débat politique. De Gaulle a disparu, la crise de l'énergie a commencé, la conscience écologique s'affirme... Avec cet extrémisme métaphysique qui caractérise la plupart des intellectuels français, les nouveaux philosophes exorcisent la politique, lieu du discours démoniaque du pouvoir. Exaspérés par le triple échec de la révolution (Russie, France de 1968, Chine), ils s'en prennent à la racine du mal : la manipulation par le Maître du désir de l'esclave. « Il n'y a d'histoire que de l'État », affirme J.-P. Dollé, et M. Le Bris énonce avec aplomb : « J'ai conçu le projet d'écrire la fin du politique. » Quant à B.-H. Lévy, qui multiplie les déclarations fracassantes, il veut « réduire la politique à sa plus simple expression ». L'intelligentsia française, qui avait trop espéré du pouvoir politique, le maudit au moment où celui-ci s'éloigne d'elle et de ses idéologies pour passer aux économistes. Les médias montent en épingle ces jeunes gens qui s'y sentent à leur place puisque, selon eux, tout n'est que discours, signes, effets (on va même parler de l'« effet Rocard »). Leurs formules à l'emporte-pièce (« l'État c'est le Mal », « Plus il y a d'État, plus le Mal s'étend ») ne font certes pas avancer la réflexion politique, mais elles ouvrent, ou plutôt elles rouvrent, une porte qui s'était fermée.

C'en est fini du progressisme, on ne croit plus que le développement des forces productives apportera le bonheur sur la terre pourvu que l'État soit du bon côté. L'État opprime, voilà tout, et l'État soviétique davantage que les autres — vérité naïve qu'André Glucksmann et ses camarades découvrent sur le visage des concentrationnaires. D'autres l'avaient dit avant eux, mais il est bon qu'une pensée s'origine dans la souffrance et la révolte, comme ce fut le cas d'Emmanuel Mounier et des théoriciens de l'École de Francfort dont nous allons parler. Ce n'est d'ailleurs pas par hasard que ces noms surgissent : bien que nos philosophes se veuillent trop « nouveaux » pour le reconnaître, leur pensée (pas leur style) est terriblement « rétro ». On y retrouve trois idées majeures des contestataires des années trente. La première, c'est qu'individualisme et collectivisme (on dit maintenant totalitarisme) s'appellent réciproquement. La deuxième, c'est que capitalisme et socialisme sont les deux faces d'une même volonté de puissance qui blesse également la culture et la nature ; il s'ensuit que le marxisme perd son statut privilégié et apparaît comme le pire avatar du rationalisme conquérant qui s'est déchaîné au XVIIIe siècle. La troisième idée qui leur est commune, c'est que la révolution exige une conversion morale. Les auteurs de *l'Ange* illustrent en somme le précepte de Mounier : « La révolution sera spirituelle ou elle ne sera pas. » Ils préconisent l'« ascèse » et « un peu de douceur ». Jean-Paul Dollé va jusqu'à parler de l'« amour ». On est tout près de la pitié de Soljénitsyne et de Camus. Ah ! Camus, comme Sartre s'était moqué de sa morale d'ambulancier ! Mais voilà que ces défroqués du marxisme fondent Médecins sans frontières et organisent la marche de la survie vers le Cambodge.

Ce ne sont pas les idées qui changent, c'est le climat où elles apparaissent. Le marxisme cesse d'intimider, et les jeunes libéraux opèrent la jonction avec les anciens. Au CIEL (Comité des intellectuels pour l'Europe des libertés), Le Roy Ladurie et Sollers se retrouvent avec Raymond Aron et avec des dissidents de l'Est dont on ne dira jamais assez le rôle catalyseur. L'intellectuel refuse la livrée des partis et accepte d'être ce qu'il est : un artiste, un témoin, un moraliste. Il ne s'engage qu'au service des Droits de l'homme, indistinctement. Conversion respectable, mais brutale.

Les contestataires de 1930, eux, ne séparaient pas la critique de la proposition, ils ne laissaient pas aux politiciens le souci de l'institution et le monopole du pouvoir. Et pourtant, c'est grâce à ces intellectuels séduisants et provocants que, dans une société dominée par les médias, est arrivé ce moment qu'espérait Albert Béguin, « où l'esprit de liberté devra s'insurger contre les thèmes naguère associés à sa révolte ».

A la tête de ces insurgés, sonnant la charge et orchestrant le spectacle, se tenait Maurice Clavel. Jusqu'à sa mort, en 1979, on le voyait au *Nouvel Observateur,* dans les journaux gauchistes, dans les « manifs », et, surtout dans son admirable *Ce que je crois,* mêler la polémique à la philosophie. Comme Lech Walesa, il se vantait d'aller à la messe tous les jours. Il se trompait peut-être lorsqu'il apercevait dans Mai 68 « une révolte fille de l'Esprit », mais il annonçait un phénomène qui devient mondial : le ressaisissement du politique par le religieux. Lorsqu'une société est menacée dans son identité, elle se ressource dans le fondamental. L'outrance prophétique de Clavel trouve sa justification dans le sursaut polonais et dans le triomphe de Jean Paul II, car la religion est bien ce qui reste quand l'État a tout détruit et quand les idéologies se sont reniées.

Le projet de Clavel est simple. En s'appuyant sur le travail de déconstruction des idoles, démontrer que la foi en Dieu peut seule « garantir à l'homme ce que la philosophie et la science ne peuvent lui assurer [...], son existence ». En somme, les athées contemporains ont ouvert la route en dynamitant l'humanisme et son idole : le sujet raisonnable et dominateur dressé par Descartes à l'orée du monde moderne. Merci, Foucault ! L'homme est mort, vive Dieu ! Et qu'on ne nous dise pas qu'Il est indémontrable alors qu'on a renvoyé la raison à la niche. Si la philosophie, si les connaissances ne sont, comme le montre Foucault, que des interprétations provisoires, des découpages arbitraires du pouvoir, pourquoi ne pas faire donner la « pensée du dehors », un secours qui nous vient du déraisonnable ? Et si « Je » n'est plus qu'un fantasme, s'il m'est impossible d'exister par moi-même, j'existerai par Dieu, nom de Dieu ! A grands coups de massue, Clavel assomme toutes les philosophies issues d'un rationalisme devenu meurtrier de masse, tous les penseurs, de Marx à Platon, par ordre de responsabilité remontante, pour en arriver à ce dilemme : « Donc, aujourd'hui, Dieu ou rien ! »

Cette *furia* apologétique éclipse des réflexions plus rigoureuses, comme celles de J.-L. Marion et Ph. Némo ; elle réussit dans un climat où, après vingt ans de censure, on sent remonter ce grand refoulé : le sentiment. Au même moment, J.-P. Dollé célèbre l'« odeur de la France », M. Le Bris le vent sur la lande bretonne, B.-H. Lévy proclame la « mutinerie de l'insensé » et Europe 1 lance le « nouveau romantisme ». Ce lyrisme, teinté d'accents gaulliens, régionalistes ou anarchistes, donne l'impression qu'on a simplement sauté d'un absolu à un autre en remplaçant la Révolution par la Religion et le Prolétaire par le Rebelle dont on va successivement chercher l'incarnation chez les délinquants, les schizophrènes, les nomades et les « Celtes barbares ». Chacun brandit sa recette : le monothéisme est, pour B.-H. Lévy, la panacée contre le totalitarisme, tandis que J.-E. Hallier la trouve chez les païens. Comme à la fin du XIXᵉ siècle, on renie le positivisme et l'on revient à la terre, à la tradition, à l'effusion du cœur. Mais cette conversion reste bien dans la ligne tracée par Sartre en 1945 : c'est toujours le même mépris véhément des médiations et des institutions.

Régression vers l'irrationnel, ou bien début de cette « nouvelle Renaissance » qu'appelait E. Mounier ? Cela dépend du sérieux, de la rigueur avec laquelle on essaiera d'analyser la réalité pour la modifier. De l'effort qu'on fera, pour penser davantage, au lieu de consommer des formules. Nous avons un exemple, c'est l'École de Francfort, où se sont élaborés bien des thèmes des nouveaux philosophes. Ses membres — presque tous des Juifs allemands — ont vécu les pires épreuves des années trente et quarante : l'antisémitisme nazi, l'effondrement de l'Europe démocratique, l'exil et la double défaite de l'espoir communiste (par le stalinisme et par la société de consommation). Or, ces intellectuels, qui trouvèrent d'abord asile dans la France d'avant-guerre, restèrent inconnus, après guerre, de l'intelligentsia française. Le livre fondamental d'Adorno et Horkheimer, *Dialectik der Aufklärung,* publié en 1947 à Amsterdam, puis en 1969 en Allemagne, n'est traduit en français qu'en 1974 ! Loin de se désespérer, ces intellectuels ont cherché les voies d'un changement qui, comme l'a écrit P. Thibaud, « ne serait pas produit par le dynamisme des luttes sociales, mais par une réflexion de l'humanité sur elle-même ». C'était une originalité à une époque où la pensée politique était dominée par Hegel, pour qui « la vérité ne doit pas être appréhendée seulement comme concept, mais aussi comme sujet » — nation, race, classe... De leur marxisme originel, les penseurs de Francfort ne gardèrent qu'une méthode dialectique et élaborèrent une théorie sociale qui englobait économie, culture et nature dans toutes leurs implications. C'est d'eux que vient cette affirmation que le désir de révolution n'est pas incarné dans un sujet collectif, mais qu'il naît de la pensée s'affrontant au monde ; d'eux la mise en accusation du rationalisme dominateur ; d'eux, aussi, le réquisitoire contre la destruction de la nature. Ils n'ont guère connu de succès, parce qu'ils venaient trop tôt, mais aussi parce qu'on ne les voyait pas à la télévision.

Je résumerai donc grossièrement leur pensée en m'appuyant sur leur œuvre maîtresse, *Dialectique de la raison.* Vers le milieu du XIXᵉ siècle, l'homme réussit enfin à prendre en main la nature. Victoire à la Pyrrhus, car « l'éveil du sujet se paie de la reconnaissance du pouvoir comme privilège de toute relation ». L'État envahit toute la vie sociale et une part croissante de la vie privée. « La raison, après avoir détruit les mythes, devient elle-même un mythe, et le principe du totalitarisme. » Cette raison manipulatrice, prédatrice, ne connaît plus des choses que ce qui est utile à la production ou à la consommation. D'où le règne de l'abstraction, de l'indifférenciation. « L'identité de toutes les choses entre elles se paie par l'impossibilité de chaque chose d'être identique à elle-même. » (Ne pourrait-on en dire presque autant des individus ?) D'où cette nostalgie de l'autre — *Sehnsucht nach Anderen*[1] —, leitmotiv pour ce dernier quart de siècle. Différence, différence... Mais « ce qui est différent, écrit durement Adorno, n'existe pas encore » — n'existera que lorsque nous serons parvenus à dominer les forces qui nous dominent. En attendant, sauvons tout ce qui reste de libertés.

L'École de Francfort, c'est la base philosophique du mouvement qui secoue l'intelligentsia française. Certains n'en ont retenu que la critique du rationalisme étatique et productiviste. Mais, pour les penseurs de Francfort et leurs disciples, il ne s'agit pas d'injurier l'État et de substituer le lyrisme du cœur à l'apologie des mathématiques, comme le feront plus tard certains nouveaux philosophes, mais d'équi-

1. Ardente nostalgie de l'Autre.

librer l'État par la société, le pouvoir par le droit. D'où le retour à Montesquieu et à Tocqueville, la remontée vers le libéralisme, en amont de l'époque où il s'est corrompu. Cette recherche, qui s'ouvre à *Esprit* au milieu des années soixante-dix, s'affirme aussi dans d'autres revues, comme *Libre* et *le Débat*. Une pensée jeune donne la main à ce courant des années trente qu'illustrèrent entre autres F. Perroux et G. Gurvitch ; elle renoue avec le droit social par-dessus cinquante ans de mépris dirigé contre tout ce qui est institutionnel et juridique. L'imposture totalitaire, la revendication autogestionnaire, la montée du mouvement associatif, le sursaut des ouvriers polonais, tout conduit à chercher les moyens et les structures d'une société politique où l'État renoncera à accaparer le social.

Les nouveaux philosophes ont fait une percée, ils ont aidé à lever les intimidations marxistes et structuralistes qui paralysaient la réflexion. Le vide laissé par l'effondrement du marxisme commence d'être comblé. Les Droits de l'homme, qui ne tiennent pas lieu de politique, appellent une réflexion sociale, économique et juridique, une philosophie politique qui pourrait fournir une base commune aux deux Europes — à condition que libertaires et libéraux se rassemblent dans la réflexion et la proposition, pas seulement dans la protestation.

BIBLIOGRAPHIE

Auteurs cités :

** Maurice Clavel, *Ce que je crois*, Grasset.
 * Maurice Clavel, *Dieu est Dieu, nom de Dieu !*, Grasset.
 * Maurice Clavel, *Deux siècles chez Lucifer*, Seuil.

* Jean-Paul Dollé, *L'Odeur de la France*, Grasset.
* André Glucksmann, *La Cuisinière et le Mangeur d'hommes*, Seuil.
** Max Horkheimer et Th. W. Adorno, *Dialectique de la raison*, Gallimard.
** Christian Jambet, *L'Ange* (en collaboration avec Guy Lardreau), Grasset.
  Guy Lardreau : *voir ci-dessus.*
* Bernard-Henry Lévy, *La Barbarie à visage humain*, Grasset.
* Bernard-Henry Lévy, *Le Testament de Dieu*, Grasset.
*** Jean-Luc Marion, *L'Idole et la Distance*, Grasset.
*** Philippe Nemo, *L'Homme structural*, Grasset.
* Michel Le Bris, *L'Homme aux semelles de vent*, Grasset.
* Alexandre Soljénitsyne, *L'Archipel du Goulag*, Seuil, 3 vol.
** Revue *Esprit*, 1976, n° 7-8 (« L'expérience totalitaire et la pensée de la politique », par Marcel Gauchet). 1978, n° 5 : « L'École de Francfort », numéro spécial. 1980, n° 3 : « Droit et politique », numéro spécial.
  CIEL (Comité des intellectuels pour l'Europe des libertés, 30, rue Saint-Dominique, 75007 Paris).

On lira aussi avec profit :

Les œuvres de l'École de Francfort dont beaucoup ont paru chez Payot (une bibliographie complète est donnée dans *Esprit*, 1978, n° 5).
* Maurice Clavel et Philippe Sollers, *Délivrance*, Seuil.
* *Génération perdue* (enquête de J. Paugam), Laffont.

Les nouveaux libertaires

Le tapage qui a entouré l'apparition des nouveaux philosophes, très au-delà de l'opération publicitaire, signale une rupture décisive : l'intelligentsia parisienne (mais la province n'a pas l'habitude de rester longtemps en arrière) rompt avec la bipolarisation idéologique qui, depuis le XVIIIe siècle, domine notre débat intellectuel et politique. D'un côté, il y avait les tenants du progrès, et, de l'autre, ceux de la tradition ; d'un côté, les adorateurs de la science et de l'industrie ; de l'autre, les défenseurs de la terre et des paysans. « La nature est à droite », disait Ramuz. Avec les écologistes elle passe à gauche, tandis que la droite se fait progressiste, technocrate et nucléaire. Ce déplacement n'est pas encore visible sur la carte électorale, mais on le sent dans le trouble des partis, au PS surtout, où les nouveaux thèmes, écologiques et libertaires, viennent concurrencer les anciens.

Dans leur grande majorité, les intellectuels de gauche ont, les uns après les autres, tiré la leçon de ces trente dernières années. L'alternative n'existe nulle part, ni dans le socialisme réalisé ni dans le socialisme beurré. Des structures identiques conditionnent des régimes opposés. Étatisme, bureaucratie, anesthésie des travailleurs, submersion du Moi dans la consommation de masse, saccage de la nature composent un tableau qui devient mondial puisque le Tiers Monde, à peine décolonisé, copie ses colonisateurs. Rien à espérer, même du côté des Hurons. « Il n'y a plus d'humanité de rechange », Péguy l'avait prédit. A l'Est comme à l'Ouest, les deux grandes machines politiques semblent dotées d'une capacité homéostatique de se perpétuer. Zinoviev affirme que l'URSS, comme l'Empire inca, durera jusqu'à ce qu'un choc externe la décompose ; Habermas, disciple de l'École de Francfort, décrit le capitalisme libéral comme un système dépolitisé qui a pour but et pour idéologie son propre fonctionnement.

Après guerre, on dirait que l'intelligentsia française, emportée par l'espérance de la révolution, va basculer du côté du communisme. Même la contestation du modèle soviétique, anarchisante ou trotskisante, reste à l'intérieur d'un marxisme dont on s'arrache les morceaux. Il faudra Budapest, les révélations de Khrouchtchev et le *Goulag* de Soljénitsyne pour obliger ces antistaliniens à approfondir leur critique sans plus se soucier de sauver une orthodoxie. Claude Lefort est l'un de ces pionniers qui prennent conscience, dès avant 1956, de la singularité monstrueuse du phénomène totalitaire et cessent de l'identifier à quelque ruse ou résidu du grand capital. Lefort est parvenu à la même conclusion que Rosanvallon — et c'était déjà l'idée de Mounier : le marxisme, frère jumeau du libéralisme, porte avec lui la logique bifide de l'État totalitaire, qui aboutit au stalinisme comme au fascisme. C'est à tort que les marxistes font de l'État le produit d'une évolution économique et d'un rapport de classes : c'est bien plutôt l'État qui ouvre la route, symbole boulimique absorbant la substance entière de la société.

Mais alors, pourquoi avoir tardé aussi longtemps à ouvrir les yeux ? Lefort et bien d'autres avec lui se retournent violemment contre ceux qui les ont empêchés d'entendre la leçon des grands libéraux, de H. Arendt en particulier. Et, au moment même où se constitue l'Union de la gauche, Lefort s'en prend aux socialistes « qui se sont rendus délibérément aveugles à l'événement nouveau, massif, le plus énigmatique et le plus redoutable de notre époque : la naissance et l'expansion mondiale du totalitarisme sous les couleurs du communisme ».

La réflexion sur l'État repart, à l'extrême gauche, du rejet du dogme et retrouve les thèmes du libéralisme héroïque. Cependant, pour certains, qui s'appuient sur l'ethnologie de P. Clastres, l'État, c'est et ce sera toujours l'ennemi de la société, tandis que, pour d'autres, l'État nécessaire doit être équilibré par la force du droit, comme le voulaient les penseurs des années trente. Les libertaires deviennent libéraux, et quelquefois ces novices en rajoutent sur la tolérance et le respect des grands principes. Mais, enfin, on est sorti de l'étau marxiste où se trouvait coincée, à gauche, la réflexion politique. Jusqu'alors, il fallait opposer « socialisme » (c'est-à-dire communisme) à « capitalisme » comme deux espèces caractérisées par des structures de propriété et de pouvoir radicalement différentes, et il allait de soi qu'une entreprise nationalisée était l'inverse d'une entreprise privée, de même que le pouvoir des travailleurs était l'antithèse de celui des bourgeois. Maintenant, l'expérience a prouvé que la tyrannie comme la bureaucratie échappent aux déterminations de classe.

Mais il faut aller plus loin : sous les régimes opposés apparaît l'identité d'un destin commun. La production et la communication de masse ont modifié le rapport de l'homme aux choses et aux autres hommes. En me servant des analyses de Heidegger, de Gabriel Marcel et d'Emmanuel Mounier, j'avais montré, dans les années soixante, que la société de consommation correspond à ce mouvement profond qui pousse l'être vers les choses où il s'enlise.

Tragique mou et balbutiant, qui appelle l'intervention de la déesse punitive, cette Némésis de la contre-productivité, de la pollution et de l'anesthésie des consciences, qu'Illich nous montre à l'action dans la médecine, les transports et l'école. Le ralliement de la France à cette civilisation n'est pas le produit d'un hasard historique ou d'une domination extérieure, et les intellectuels ont beau la condamner, elle est aimée comme aucune autre ne l'a jamais été, parce qu'elle seule s'est montrée capable de répondre à cette tendance profonde de la nature humaine : le désir de posséder et de consommer que notre société a l'art d'apaiser et de relancer du même mouvement — notre plaisir et notre déchéance, comme la drogue pour le drogué, car telle est la loi du tragique que l'être s'attache passionnément à ce qui le détruit...

Ainsi, l'anticapitalisme se radicalise et s'étend en une critique du productivisme sous toutes ses formes : critique de la bureaucratie, que les trotskistes ont entamée depuis longtemps et qu'approfondissent les groupes d'*Arguments* et de *Socialisme ou Barbarie,* critique de la technique qu'avaient amorcée avant guerre des hommes liés à *Esprit* et à *l'Ordre nouveau,* tels que Rougemont, Ellul et Charbonneau, et que radicalise la critique illichienne des outils manipulables, de la spécialisation et du monopole, critique des besoins que poursuivent parallèlement C. Castoriadis et R. Girard. Tout cela converge vers une mise en question radicale : on s'aperçoit que l'économie, comme l'avait noté H. Arendt, n'a cessé, depuis la Renaissance, d'envahir tous les secteurs de la vie publique et privée, et qu'en conséquence ce n'est pas l'une ou l'autre de ses expressions politiques qui est en cause, mais sa relation essentielle avec l'individu et avec le mécanisme social. Changer la vie ne signifie plus changer de maître ou de propriétaire, mais changer le rapport de soi à soi et aux choses, ébaucher ici et maintenant une société alternative et des hommes autonomes. La révolution sera ontologique ou elle ne sera pas.

Ce qu'on découvre, en somme, c'est une vérité que le fondateur de la sociologie française, E. Durkheim, avait déjà mise au jour : le lien social est de nature religieuse. Or, voici que la religion s'est détachée de la société pour devenir une affaire privée. Remarquons d'ailleurs que, ce faisant, le christianisme revenait à son authenticité, après avoir abusivement servi de caution à maints régimes monarchiques et autoritaires. Mais ce n'est pas seulement en distinguant Dieu de César que le christianisme déstabilise les hiérarchies politiques, c'est en propageant l'idée d'une égalité fondamentale entre les individus, tous également rachetés. C'est un point que Nietzsche avait bien vu et que reprend l'ethnologue Louis Dumont, avec d'autant plus de force qu'il est spécialiste des castes indiennes. Alors qu'en Asie la société prédomine sur l'individu et que « la justice consiste à proportionner les fonctions sociales par rapport à l'ensemble », ici chacun prétend devenir l'égal de l'autre, et la société n'est plus que le moyen d'articuler tant bien que mal une foule d'intérêts individuels. Libres et égaux, telle est notre devise. Fraternels ? c'est une autre affaire. Car la question est posée : peut-on encore faire une société lorsqu'on veut être à la fois libres et égaux et que, de surcroît, la religion et les valeurs transcendantes qui garantissaient l'ordre social ont déserté la cité ?

Nous subissons le contrecoup de cette stupéfiante découverte que fit le XVIIIe siècle : la société n'est pas faite par Dieu, ni par la nécessité ou le hasard, elle est faite par des hommes. D'où deux conséquences : premièrement, les hommes sont capables de la comprendre et de la changer (ainsi sont fondés simultanément la sociologie et le socia-

lisme) ; deuxièmement, les institutions sont des fabrications
et n'inspirent plus le respect qu'on porte au sacré ; bientôt,
elles seront ressenties comme arbitraires, étouffantes, insup-
portables.

Et, pourtant, c'est à elles qu'on fait appel de l'injustice,
car chacun, voulant être l'égal de tous, s'indigne d'une
condition qu'il trouve inférieure et injustifiée. Mais
comment le pouvoir interviendra-t-il sans brider les libertés ? D'où le double drame — le même au fond — dans les
deux types de société qui se partagent le monde. En régime
dit socialiste, on supprime les libertés sous prétexte d'assurer
l'égalité ; en régime dit capitaliste, on voudrait bien se
montrer à la fois égalitaire et libéral, mais c'est impossible
(R. Aron l'a noté, dans le sillage de Tocqueville), parce que
le libre développement des capacités et des entreprises crée
forcément des distinctions entre les forts et les faibles, les
doués et les retardés. Ainsi l'égalitarisme triomphe-t-il aux
dépens de la liberté, et le libéralisme aux dépens de l'égalité.
D'où l'oscillation schizophrénique, dont l'Europe a failli
mourir : nos sociétés tendent vers l'indifférenciation sociale,
mais celle-ci devient vite insupportable, ce qui pousse les
gens vers des identifications pathétiques et les jette dans les
bras des forcenés. Le fascisme, le totalitarisme sont la
rançon de l'individualisme abstrait.

Comment être un saint sans Dieu ? se demandait le
médecin de *la Peste*. Comment faire exister une société sans
Dieu ? se demande-t-on un peu partout, sans trop oser y
penser. Comment éviter d'avoir à choisir entre l'atomisation
sociale et l'État moloch ? Certains répondent carrément :
en réinjectant de la religion, ou bien en restaurant les hiérarchies naturelles, celles du sang et de l'esprit. Louis Dumont
suggère : en développant tout ce qui crée un tissu social,

71

réseau de médiation entre l'État et le citoyen, associations, créations esthétiques... Ponctionnées par l'économie et la politique, nos sociétés doivent se refaire du dedans (et pas seulement celles de l'Est soviétisé). Ce n'est pas une catégorie sociale ou éthique qui est appelée à la rescousse, mais l'ensemble des hommes face au débordement universel des puissances d'accaparement et de domination. « La survie de la race humaine dépend de sa redécouverte en tant que force sociale » (I. Illich). C'est sans doute la grandeur de notre époque d'avoir pris conscience de la mondialisation de son destin. Ce qu'entrevoyait Teilhard de Chardin, ce que répercute aujourd'hui Garaudy.

Cependant, l'enthousiasme cosmique ne nous dispense pas d'affronter le problème de l'institution tel que nous venons de le poser. La loi devient insupportable, mais son absence l'est au moins autant. A l'extrême droite existe une pensée qui croit pouvoir imposer de l'extérieur une loi ancienne et détestée. A l'extrême gauche existe une pensée qui taxe d'aliénante toute institution, toute hiérarchie. L'homme est-il en mesure de se donner des lois tout en vivant sa liberté ? Il faut choisir, disait J.-J. Rousseau : faire l'homme ou faire le citoyen. La mort dans l'âme, Rousseau choisit le citoyen. Mais il est visible que nos concitoyens aiment mieux faire l'homme, et on ne saurait leur donner tort. Simplement, il est à craindre qu'ils ne puissent continuer longtemps dans cette voie sans accepter une forme ou l'autre d'institution, faute de quoi la jungle envahira toute la société. Et comme on ne peut retourner en arrière sans installer l'arbitraire et le conservatisme, il faut marcher en avant. Un homme s'y est essayé, venu de Grèce, comme son nom l'indique : Cornelius Castoriadis, militant antifasciste et révolutionnaire, fondateur de *Socialisme ou Barbarie*, économiste, psychanalyste, logicien et polyglotte. Cet athlète complet de la philosophie doit sa vigueur non seulement à son tempérament, mais à ce qu'il se situe à la croisée des sciences qui dominent notre époque.

Castoriadis n'a pas donné dans l'iconoclasme des nouveaux philosophes. Si le Logos ne suffit plus à rendre compte de notre monde, il n'empêche que la Grèce, en inventant la Raison, a fait faire à l'esprit humain un formidable bond. Alors, ne perdons pas notre temps à instruire le procès de Platon. Ce qui est intéressant n'est pas l'accusation mais la genèse, à la manière de la bonne psychanalyse qui ne creuse le passé que pour ouvrir un avenir. A la différence des hégéliens et des structuralistes, Castoriadis ne prétend pas au savoir absolu. Pour lui, ce concept est absurde, puisque la pensée ne cesse de s'engendrer elle-même par un « en plus » que les hommes portent avec eux, dans leurs actes, dans leur langage, et qui, à chaque étape, relance la question du sens. Ni progression linéaire, ni synthèse prématurée, mais reprise « herméneutique », dirait Ricœur, réinterprétation à partir de ces « couches d'être » stratifiées. L'aventure épistémologique, sociale, personnelle devance souvent les catégories mentales qui restent prisonnières de la « philosophie héritée ». Cet historicisme ne s'arrête ni au passé ni au présent, il scrute tous les ensembles pour les détotaliser et en tirer les éléments d'un avenir faisable. Célébrer le passage de l'*Homo sapiens* à l'*Homo computans* occulte la véritable question qui est : comment changer notre rapport au savoir et au pouvoir ?

La réponse est, pour ainsi dire, dans une incarnation permanente. Castoriadis souligne le paradoxe de l'institution « qui ne peut se faire que dans l'histoire », mais qui, aussitôt faite, prétend arrêter l'histoire. Or, c'est dans la conscience que nous prenons de l'historicité, de la relativité des institutions que réside notre chance d'en fonder de nouvelles qui soient habitables. Nous sommes parvenus à une époque où la société, consciente de soi, se représente à la fois comme « instituée » et « instituante » : c'est en percevant l'altération de ses institutions par le temps qu'elle saisit son pouvoir de les refaire à neuf, utilisant le même dynamisme qui les a ébranlées et périmées. « Nous sommes ceux qui ont comme loi de faire nos propres lois. » Autrement dit, il s'agit moins de nouvelles institutions que d'une nouvelle manière pour la société de s'instituer. Le désir de liberté, la puissance de symbolisation (l'« imaginaire radical ») travaillent la pâte du « social historique » où fermente l'avenir. Science et pouvoir institués s'entendent pour étouffer ce bouillonnement, jusque dans les rangs de ceux qui se réclament du progrès et de la liberté. Mais, de même que le socialisme est né de la révolte d'ouvriers qui n'avaient pas lu Marx, de même il ne peut y avoir aujourd'hui d'autre définition du socialisme que celle-ci : « Une organisation de la société permettant aux hommes de définir eux-mêmes le sens qu'ils veulent donner à leur vie. »

Nous voilà avancés plus loin et plus raisonnablement que chez Sartre sur les chemins d'une liberté qui n'a ni point de départ ni point d'arrivée. La société se produit à travers les conflits, dans cette pénombre où l'on cherche l'issue à tâtons. N'arrêtons pas le processus, délivrons-le. En somme, Castoriadis donne pour solution au problème sa difficulté même : la fragilité de l'institution désacralisée, il la retourne en dynamisme créateur. En s'instituant elle-même, consciemment, la société parviendra à concilier liberté et pouvoir, à légitimer ce qui était devenu injustifiable. Car, si l'autorité répugne à être dévoilée dans son arbitraire, la société autonome, elle, ne le redoute pas, au contraire. La liberté, disait Descartes, est la seule qualité pour laquelle un homme mérite d'être estimé ; la seule aussi pour laquelle il

mérite d'être obéi. Pourtant, devant la perspective de cette
société généreusement ouverte à l'avenir, j'éprouve comme
un vertige. Vive l'autogestion, mais gare à l'autodévora-
tion ! Comment se reconnaître et se rassembler sans une
lumière venue d'ailleurs ? Ce qui indique la direction peut-il
couler avec le reste dans le fleuve de l'histoire, dans cette
« homéorrhèse » que décrit Castoriadis ? Où trouver un
repère : au ciel des valeurs ou dans la nature humaine ? Et
d'où vient cette énergie de l'avenir ? Du langage ? De l'histoire ? D'une âme collective ? Qu'on le pose en avant, en
arrière ou par-dessous, il faut bien un fondement.

Ces pensées que nous venons d'évoquer se rencontrent
avec beaucoup d'autres, celle d'E. Morin en particulier, ce
sismographe de l'esprit du temps. Elles ont pris acte des
méfaits du rationalisme dominateur. Sous l'affrontement du
capitalisme et du socialisme, elles aperçoivent le même
adversaire : l'impérialisme technicien, destructeur de la
nature et des cultures. Elles préconisent le remplacement de
l'État productiviste par la société conviviale. L'écologie
n'est qu'un fragment de leur démonstration, dont le centre
est l'autonomie des individus et des groupes — une liberté
anesthésiée, bureaucratisée, qu'il faut arracher à l'impasse
industrielle et étatique pour lui rendre son pouvoir créateur.
Pensées faibles lorsqu'elles se cantonnent dans l'évocation de
l'apocalypse, dans l'éloge des arbres et du bouddhisme zen.
Pensées fortes lorsque, prenant en compte le formidable
besoin d'indépendance qui soulève les masses, elles cherchent comment articuler à l'institution nécessaire l'irrépres-
sible, l'inépuisable liberté ; lorsqu'elles nous montrent qu'individualisme et égalitarisme sont deux jumeaux ennemis et
qu'on ne mettra fin à leur conflit qu'en développant l'autonomie, seule capable de susciter la différence.

BIBLIOGRAPHIE

Auteurs cités :

 * Hannah Arendt, *Condition de l'homme moderne*, Calmann-Lévy.
** Cornélius Castoriadis, *L'Institution imaginaire de la société*, Seuil.
** Cornélius Castoriadis, *Les Carrefours du labyrinthe*, Seuil.
 * Cornélius Castoriadis, « Entretien », *Esprit*, 1977, février.
** Pierre Clastres, *La Société contre l'État*, Minuit.
** Jean-Marie Domenach, *Le Retour du tragique*, Seuil.
 * Jean-Marie Domenach, « Ivan Illich, prophète de l'anti-productivisme », *L'Expansion*, juin 1974.
** Louis Dumont, *Homo aequalis*, Gallimard.
** Louis Dumont, *Homo hierarchicus*, Gallimard.
** Louis Dumond, *Essais sur l'individualisme*, Seuil.
** Jacques Ellul, *La Technique ou l'Enjeu du siècle*, A. Colin.
 * Roger Garaudy, *Appel aux vivants*, Seuil.
** René Girard, *La Violence et le Sacré*, Grasset.
** François Guibal, « Cornélius Castoriadis », *Études*, 1980, juin.
** Jurgen Habermas, *La Technique et la Science comme « idéologie »*, Gallimard.
 * Ivan Illich, *Némésis médicale*, Seuil.
 * Ivan Illich, *Une société sans école*, Seuil.
 * Ivan Illich, *Énergie et Équité*, Seuil.
** Claude Lefort, *L'Invention démocratique*, Fayard.
 * Edgar Morin, *Le Vif du sujet*, Seuil.
** Pierre Rosanvallon, *Le Capitalisme utopique*, Seuil.
 * Alexandre Zinoviev, *L'Avenir radieux*, L'Age d'homme.

On lira aussi avec profit :

** André Gorz, *Adieux au prolétariat*, Galilée et Seuil.
** Gabriel Gosselin, *Changer le progrès*, Seuil.
** Ingmar Grandstedt, *L'Impasse industrielle*, Seuil.
** Georges-Hubert de Radkovski, *Les Jeux du désir*, PUF.
 * Bernard Vincent, *Pour un bon usage du monde*, Desclée.

Nouvelle droite et sociobiologie

Albert Camus avait tort de dire que la droite française ne pense pas. Au XIX⁰ siècle, la pensée de droite (s'il est permis d'étiqueter ainsi Tocqueville, Maistre, Bonald, Taine, Maurras et Barrès) était plus solide que la pensée de gauche, et, en 1930, l'Action française règne encore sur une grande partie de notre intelligentsia. Mais il est vrai que, depuis 1944, la droite, compromise dans la collaboration, ne pensait plus, ou du moins ne s'exprimait plus. La gauche en a profité. Sans doute trop, car il est dangereux d'être privé de ses ennemis. Le dévergondage intellectuel, le refus de considérer les réalités économiques et politiques, enfin et surtout le traumatisme du Goulag ont creusé une brèche dans laquelle la droite a poussé sa contre-attaque en choisissant habilement ses deux principaux objectifs : l'égalitarisme et l'anomie[1] — autrement dit : comment opposer à l'aplatissement culturel et moral une élite sélectionnée ? Comment opposer à la décomposition de la cité un ordre social à la fois traditionnel et fonctionnel ?

C'est dans l'été 1979 que la presse repéra soudain l'invasion de la « nouvelle droite » (ND). Les états-majors de la gauche intellectuelle en furent épouvantés, d'abord parce qu'ils avaient perdu l'habitude de se battre (sinon entre eux), ensuite parce que l'adversaire les bousculait sur leur propre

---

1. Anomie : absence de loi ou de régulation.

terrain : le pouvoir culturel, qu'en se réclamant du marxiste italien Gramsci la ND prétendait leur arracher. Ce fut alors un feu roulant de contrebatterie. Et lorsque, en octobre 1980, une bombe explosa à la porte d'une synagogue parisienne, certains attribuèrent l'attentat à l'influence perverse de la ND. Son chef, pourtant, ou du moins son penseur principal, a l'air rassurant. Il s'avance bardé non point de pistolets mais de citations qu'il tire en rafales et qui ne sont pas toujours cohérentes entre elles. On dirait un de ces Pic de La Mirandole radiophoniques que personne n'arrivera à coller. Alain de Benoist a tout lu, du moins en français et en allemand (cette inspiration germanique me plaît et m'inquiète à la fois, car, si elle est la plus profonde, elle peut aussi dériver vers la folie). Inlassablement, dans ses livres et ses articles, il bâtit la doctrine de la ND telle que l'orchestrent diverses sociétés de pensée, dont la plus connue est le GRECE (Groupe de recherche sur la civilisation européenne), à l'acronyme transparent.

Car les païens sont à l'ordre du jour. Retour à la « culture engloutie », tel est le premier article de foi. La ND n'incrimine pas la raison, comme le font les nouveaux philosophes et l'École de Francfort ; au contraire : elle est pour l'« esprit scientifique » contre l'« esprit messianique ». Surprise : on attendait la défense classique de l'Occident chrétien contre les nouveaux barbares marxistes, et c'est le christianisme qui est dénoncé, ou plus exactement le monothéisme judéo-chrétien. Antisémitisme ? On l'a prétendu, et il s'en trouve quelques traces, à vrai dire assez minces, dans les publications de la ND. Ce qu'elle vise, c'est le Dieu de Moïse, revu par Jésus-Christ : destructeur de la civilisation, perturbateur de l'ordre civique, initiateur de la démocratie égalitaire, vrai responsable du totalitarisme... Les amateurs de controverses au sommet ne manqueront pas de confronter cette thèse

avec celle, exactement inverse, que soutient B.-H. Lévy
dans *le Testament de Dieu* : c'est dans le Dieu unique que gît
la seule garantie contre le totalitarisme. A chacun de se faire
une idée, ou de chercher la bonne réponse dans une réalité
plus complexe.

Le plus acharné des antichrétiens de la ND et son intellectuel le plus excitant s'appelle Louis Pauwels. Ce roman-
cier mort jeune est resté écrivain et polémiste de talent. On
se rappelle que, disciple du mage Gurdjief, il exploita dans
Planète le filon du « réalisme fantastique » avant de prendre
la direction du *Figaro Magazine.* Après avoir été, il y a
trente ans, à la pointe de l'avant-garde, il se proclame maintenant « vieux Romain et vieux Germain ». Sa critique
acérée des « nazaréens[1] » développe avec délectation la
phrase de J. de Maistre, chère à Maurras : « L'Évangile,
hors de l'Église, est un poison. » Le christianisme a livré
aux barbares la cité romaine. Il a dévalorisé la nature, éteint
la joie de vivre, apporté au monde la « sinistrose » (ce qui
dit à la fois : gauche, ennui et cataclysme). Il a supprimé la
pensée libre (voir l'Inquisition, modèle des tyrannies modernes). Il a substitué une conception linéaire de l'histoire
à la vieille conception sphérique d'un temps ramassé sur lui-
même, que libère l'énergie du surhomme. Enfin et surtout, il
a répandu le principe de l'égalité qui, laïcisé par les révolutionnaires et les marxistes, engendre cet universalisme
abstrait qui aplatit les personnes et les cultures, et conduit le
monde au chaos des insurrections et des tyrannies.

Ici, la ND rejoint les nouveaux libertaires pour dénoncer
ce phénomène aux deux faces également hideuses : le collec-

---

1. Surnom donné à Jésus par les Juifs ; employé par Nietzsche pour
suggérer que le christianisme est resté une secte étrangère.

tivisme totalitaire et l'individualisme de la « dictature du bien-être », comme dit la ND — « démocratie d'esclaves en liberté », comme disait Mounier. Notons au passage que cette nouvelle droite n'est pas si « nouvelle » ni si « droitière » qu'il y paraît — à moins que ce ne soit une certaine gauche contestataire qui ait inconsciemment viré à droite. A force de répéter qu'il n'y a pas d'histoire et d'attribuer à Aristote la responsabilité du Goulag, on aurait tort de reprocher à Pauwels d'appeler le christianisme « bolchevisme de l'antiquité » et à la ND de se rattacher à une civilisation indo-européenne dont un article magistral paru dans *l'Histoire* démontre que l'existence reste pour le moins incertaine. Il est vrai que si « tout est discours », comme l'ont proclamé nos penseurs à la mode, le fait que les Indo-Européens aient ou non existé n'a aucune importance. Ainsi le discours réducteur et antiuniversaliste de la gauche intellectuelle a-t-il frayé la voie à la droite. Prenez la fameuse « différence » : à force de l'exalter, de se vouloir breton ou occitan, on donne la main à une droite qui tire la conclusion du refus de l'universel : il ne reste plus, en effet, que des particularités ; le tout est de les reconnaître et de les organiser. Que chacun retourne donc à son fondamental — les Juifs comme les Bretons — et cesse de vouloir soumettre les autres à sa culture...

Voilà une droite qui n'est ni pour la colonisation, ni pour la nation, ni pour l'Occident — pour l'Europe, sans doute, mais une Europe qui retournerait à ses sources, lesquelles ne se situent pas dans cette Asie d'où nous vient le christianisme, mais dans ce Nord d'où débouchèrent les barbares hiérarchiques et poétiques : Celtes, Vikings et Germains. La civilisation qui vient du froid. Selon Dumézil, qui proteste en vain contre l'exploitation faite de ses travaux, cette civilisation se caractérisait par la hiérarchie des trois fonctions :

souveraineté, guerre, production — la troisième, bien entendu, subordonnée et vulgaire. Fantasmes, mais qu'importe ? Ces généalogies ont valeur symbolique : elles font pièce au monde désenchanté de la technique, elles remplacent les transcendances défuntes et les progressismes défaits. Tout se passe comme si, après avoir placé leurs espérances dans le ciel (religions verticales), puis sur la terre (religions horizontales), ces Européens revenaient aux religions telluriques, au culte des héros morts et des traditions perdues. Délire déjà centenaire, dont les manifestations récurrentes s'atténuent, si on les compare au nationalisme et au racisme qui ont dévasté récemment l'Europe.

Racisme, le gros mot est lâché. La ND est-elle raciste ? Elle s'en défend avec vigueur. Écoutons A. de Benoist : « Tous les hommes de qualité sont frères, n'importe la race, le pays et le temps. » Écoutons Pauwels, qui retourne à ses accusateurs l'accusation : « Reconnaître et vouloir maintenir l'existence d'ethnies dissemblables, et par là de cultures et de sociétés spécifiques, c'est admettre, saluer, protéger la diversité du monde humain. Être raciste, c'est nier ou refuser cette diversité. C'est entreprendre de ramener l'humanité à un modèle unique. Un modèle génétique : le nazisme. Un modèle social et économique : la république marchande universelle de type américain ou le communisme universel. » Il y a donc des ethnies différentes. Existe-t-il entre elles une hiérarchie ? Certes, nous avons entendu Benoist nous assurer que les « hommes de qualité » sous tous les cieux sont frères. Mais les autres, ceux qui ne sont pas de qualité ? — Des esclaves ? L'éloge de la cité antique auquel on se livre inlassablement dans les publications de la ND le laisse craindre. La ND ne joue pas franc-jeu lorsqu'elle reproche à la démocratie de proclamer égaux des individus qui sont évidemment différents. C'est « égaux en droits » que disait la Déclaration des droits de l'homme et du citoyen. Alors, oui ou non, les hommes sont-ils égaux en droits, si dissemblables soient-ils de couleur, de taille, d'intelligence ?

Visiblement, la question embarrasse les théoriciens de la ND qui s'intéressent à la sélection des élites et au « combat des forts ». Quant aux faibles, on ne peut que leur souhaiter, comme Pauwels, de « parvenir à se forger une âme ». On ne saurait donc parler de racisme au sens que le nazisme a donné à ce terme, mais d'un racisme quand même, un racisme qui n'oppose pas une race à une autre, mais, à l'intérieur de chacune, des êtres supérieurs à des êtres inférieurs. A. de Benoist a beau plaider qu'« il n'existe aucun référent commun qui permette d'apprécier ou de hiérarchiser les réalisations historico-culturelles des différents peuples », le premier livre qu'il a publié dans la collection qu'il dirige, *Race et Intelligence,* est un résumé grossier de thèses américaines qui prétendent faire dépendre la capacité intellectuelle de l'appartenance raciale.

C'est en effet des États-Unis que nous est revenu un biologisme social qui s'était fondé en Europe à la fin du XIXᵉ siècle, mais qui s'est renforcé d'un apparat statistique informatisé. En 1969 éclate aux États-Unis l'« affaire Jensen », celui-ci ayant attribué à un facteur génétique la différence de QI observée entre groupes raciaux (autrement dit, entre Noirs et Blancs). Déjà, en 1950, l'Anglais H. J. Eysenck avait écrit sur l'inégalité de l'homme un livre qui n'est traduit chez nous que dix-sept ans plus tard. C'est qu'en 1975, E. O. Wilson avait lancé son monumental *Sociobiology, the New Synthesis,* auquel ripostait en 1977 M. Sahlins avec *The Use and Abuse of Biology.*

On connaissait en France les études de sociopsychologie animale surtout par le nom d'Henri Laborit. Ce médecin, qui a inventé les premiers tranquillisants, s'est montré au

cinéma dans *Mon oncle d'Amérique*, un film d'A. Resnais
qu'il interrompait de petites conférences prononcées devant
des cages à rats. Il vient de publier une éblouissante médita-
tion érotico-philosophique où il s'interroge sur ce qui a bien
pu se glisser entre nos pulsions et les formes plus ou moins
aberrantes de nos comportements pour faire de l'humanité
une espèce aussi malfaisante. L'homme, explique-t-il, ne se
croit libre que parce qu'il ignore les règles qui gouvernent
l'espèce. Il sera vraiment libre lorsqu'il connaîtra la biologie,
c'est-à-dire lorsqu'il comprendra que les lois sociales ne font
qu'institutionnaliser les lois biologiques, en particulier cette
« dominance » dont les éthologues comme K. Lorenz nous
ont montré le rôle essentiel. Alors (vieux rêve hégélien), l'individu trouvera sa liberté dans l'adhésion à la nécessité.
Mais que fallait-il faire contre la « dominance » nazie ?
objecte l'ingénu. On ne trouve pas de réponse dans le livre
de Laborit, qui n'est pourtant pas un homme de droite — et
il est impossible d'en déduire une de ce scientisme.

La sociobiologie, elle, a réponse à tout. Son inventeur,
M. Wilson, annonce la couleur : « Les scientifiques et les
humanistes devraient envisager que le moment est venu de
soustraire l'éthique des mains des philosophes pour la
remettre entre celles des biologistes. » Ce nouveau darwinisme commence par poser la sélection des sciences : la biologie est pour lui la plus perfectionnée, donc celle qui doit
dominer — ce qui était déjà le présupposé de J. Monod.
Qu'est-ce donc que la sociobiologie (SB) ? Le préfacier du
livre de Wilson répond : « C'est l'extension du darwinisme
à l'étude du comportement, établissant un lien entre l'évolution de l'organisme et celle de la pensée, voire de l'esprit. »
La SB nous dévoile la dialectique du vivant : la culture,
qui organise et justifie les comportements, favorise les

« gagnants » qui, par le jeu de la sélection naturelle, trans-
mettent cet héritage génétique à leurs descendants. Malheu-
reusement, il y a un retard culturel, parce que nos comportements restent souvent assujettis à des structures primitives,
retard que l'éthique biologique saura combler. D'ailleurs,
écrit Wilson, « l'intelligence n'a pas été bâtie pour comprendre les atomes ni pour se comprendre elle-même, mais seulement pour assurer la survie des gènes humains ». Donc, le
choix est simple : ou rester stupides, ou « passer à une
conduite précise fondée sur la connaissance biologique »,
connaissance qui s'agrégera les autres sciences sociales. Mais
attention ! La limite de l'évolution biologique est proche,
car notre société divague. Il convient donc de supprimer les
« obstacles culturels », telle la démocratie égalitaire, afin de
débloquer l'évolution et de rendre son libre jeu à la sélection
naturelle.

Certes, marxistes et gauchistes avaient eu le tort de négli-
ger les facteurs héréditaires pour attribuer les différences de
niveau intellectuel aux seules inégalités sociales. Le succès de
la SB est une conséquence de ces excès. Mais quel simplis-
me, là aussi ! Si l'homme est humain, dit la SB, c'est parce
qu'il est « naturellement adaptatif »... Les cultures ne sont
que des mensonges grâce auxquels l'individu essaie de se
persuader qu'il obéit aux valeurs et non à son génome, qu'il
se sacrifie au bien et non à ses descendants, car l'altruisme
est la ruse suprême de l'espèce, celle qui met les individus au
service de la continuité du groupe. Ainsi, vous croyez poser
un acte moral en sauvant au péril de votre vie un cousin qui
se noie. Eh bien, pas du tout : vous obéissez inconsciemment à l'« égoïsme génétique » qui vous pousse à assurer
coûte que coûte la survie de la famille... Le brave Wilson ne
se demande pas ce qu'il en est de cet égoïsme génétique lorsque, au lieu d'un cousin, c'est votre vieux père que vous

essayez de tirer de l'eau ! Imperturbable, il démontre sa thèse : l'esprit n'est qu'un « épiphénomène des centres nerveux de l'organisme »...

Bien que, depuis 250 000 ans, le cerveau de l'hominien ait cessé de grossir, Wilson affirme que l'évolution biologique, appuyée par la science dans l'œuvre bienfaisante de sélection, n'est pas terminée. En quoi il s'oppose à Teilhard de Chardin pour qui l'évolution biologique est maintenant relayée par l'évolution de l'esprit — vision qui, à l'ère de l'informatique, retrouve une actualité singulière.

Mais comment séparer ce qui relève de la nature de ce qui relève de la culture ? Une telle distinction n'est-elle pas elle-même culturelle ? Je renvoie mes lecteurs à la réfutation de Wilson par Sahlins. Pour celui-ci, le culturel a façonné le biologique au point que l'inné ne se distingue pas toujours de l'acquis. Le « behaviorisme simpliste » de la SB ne rend pas compte de la complexité d'une culture qui, loin d'être un épiphénomène du biologique, symbolise, organise et oriente les sentiments et comportements qu'on nomme naturels. La culture, qui libère l'homme de l'animalité, utilise les dispositions naturelles comme instruments de projets symboliques. A la limite, on pourrait dire que la biologie elle-même, loin d'être la science maîtresse, risque de devenir la servante de l'ordre établi, car celui-ci, sentant l'économie défaillir, cherche à mobiliser de nouveau l'analogie classique entre l'organisme social et l'organisme vivant, afin d'imposer « le mythe d'une nature définitivement réglée ». L'argument biologique, même lorsqu'il prouve l'évolution, est toujours fixiste : « Il fonde définitivement l'inégalité sociale et la loi du plus fort » (E. Lage).

La force de la ND ne réside pas dans l'appel aux mythologies fumeuses des Celtes et des Germains, mais d'abord dans la dénonciation de cette démagogie de l'égalitarisme, de cette haine de l'homme supérieur qui anime tant de gens de gauche. On peut être d'accord avec la ND lorsque, contre la massification, elle réclame une civilisation spirituellement orientée. Mais, si l'esprit n'est qu'un organe au service de l'égoïsme génétique, alors, que peut bien viser une telle orientation, sinon l'écrasement des faibles par les forts ? A. de Benoist a beau protester qu'il veut forger une culture et non pas une nature, c'est bien de nature, exclusivement, que nous parlent les biologistes auxquels se réfère la ND. Notre société, plus qu'aucune autre, a besoin d'une élite : on a raison de le souligner, mais, alors, qu'on n'aille pas chercher ses arguments dans les sociétés d'insectes. Avoir un pied chez Nietzsche et l'autre dans la termitière, c'est préparer le totalitarisme de demain.

Refuser la réponse n'est pas refuser la question. Si la biologie prend une place centrale, c'est parce que le moment approche inéluctablement où la régulation de la population deviendra le problème numéro un. On ne pourra empêcher alors le quantitatif de se transformer en qualitatif. On se demandera : qui doit-on conserver ? Qui doit-on produire ? Combien de représentants de chaque ethnie, de chaque culture ? Et lesquels ? Et comment sélectionner les meilleurs ? Ne nous bandons pas les yeux : on vient d'agir, en laboratoire, sur le génotype humain. Entre la bombe atomique et le « génie génétique », la survie de l'humanité pose à l'humanité entière un problème que la biologie à elle seule ne saurait résoudre, et que les philosophes, les savants, les théologiens et les politiciens ne semblent pas encore en mesure de regarder en face.

BIBLIOGRAPHIE

Auteurs cités :

* Alain de Benoist, *Les Idées à l'endroit*, éd. Libres-Hallier.
* Alain de Benoist, *Comment peut-on être païen ?*, Albin Michel.
* Jean-Paul, Demoulé, « Les Indo-Européens ont-ils existé ? » *L'Histoire*, n° 28.
** Georges Dumézil, *Mythe et Épopée*, t. I : *L'Idéologie des trois fonctions...*, NRF, Gallimard.
* H.-J. Eysenck, *L'Inégalité de l'homme*, Copernic.
* GRECE : revue *Éléments* (en particulier le n° 34) ; *Pour une Renaissance culturelle*, Copernic.
* J.-P. Hébert, *Race et Intelligence*, Copernic.
* Henri Laborit, *Copernic n'a pas changé grand-chose*, Laffont.
** Élisabeth Lage *(in P.* Achard *et al.)*, *Discours biologique et Ordre social*, Seuil.
* Konrad Lorenz, *Essais sur le comportement animal et humain*, Seuil.
* Jacques Monod, *Le Hasard et la Nécessité*, Seuil.
* *Nouvelle École*, revue trimestrielle où s'expriment les penseurs de la nouvelle droite.
* Louis Pauwels, *Comment devient-on ce que l'on est ?*, Stock.
* Joël de Rosnay, « La troisième culture », *L'Expansion*, n° 160, 5 déc. 1980.
** Marshall Sahlins, *Critique de la sociobiologie*, Seuil.
** E. O. Wilson, *L'Humaine Nature*, Stock.

On lira aussi avec profit :

* Marc Beigbeder, *La Nouvelle Droite, qu'est-ce que c'est ?*, éd. R. Morel.

* *Bulletin du groupe de recherches sur l'histoire du racisme*, Maison des sciences de l'homme.
* Julien Brunn, *La Nouvelle Droite*, dossier, Nouvelles Éditions Oswald.
* Pierre-Paul Grassé, *L'Homme en accusation. De la biologie à la politique*, Albin Michel.
* Albert Jacquard, *Éloge de la différence*, Seuil.
* Agata Mendel, *Les Manipulations génétiques*, Seuil.
* Pierre Thuillier, *Les biologistes vont-ils prendre le pouvoir? La sociobiologie en question*, éd. Complexe.
* P. Valadier, « Un nouveau totémisme : la sociobiologie », *Études*, août-sept. 1980.

La systémique

Le système a des pères dans toutes les époques, toutes les sciences et tous les pays, et c'est pourquoi il est si difficile de cerner son avènement. Le mot, qui s'employait jadis en philosophie, en cosmologie et en anatomie, déborde maintenant sur toutes les disciplines et en suscite une nouvelle : la « systémique », ou le « systémisme ». Désormais, le système a ses théoriciens, ses vulgarisateurs et ses poètes, en si grand nombre que je serais bien en peine d'en citer la moitié. Quelle richesse, le système ! Quelle ivresse ! « Une explosion luxuriante », dit M. Serres. Mais aussi, ajoute Y. Barel, quelle « désinvolture théorique » ! « Le systémisme a échoué dans l'entreprise (...) de donner pertinence et crédibilité au mot clef de sa construction. » Étrange aventure d'un mot qui naguère évoquait rigueur, clôture et parfois dogmatisme, et qui maintenant s'ouvre à tous les vents, à tous les flux, à tous les temps.

« Ensemble d'éléments liés par un ensemble de relations » (J. Lesourne), le système désignait le mouvement des planètes ou le fonctionnement du corps humain. Aujourd'hui, on lui demande de rendre compte de tous les phénomènes de la nature, qu'ils relèvent du physique ou du vivant. Va-t-il nous livrer enfin ce point de vue global qui nous permettra de comprendre l'univers, en comprenant — en y comprenant — l'homme et ses sociétés ? Nous met-il sur la voie d'une autre logique, qui n'est plus celle d'Aristote et de

Descartes ; d'une autre science, qui n'est plus celle de Newton et de Carnot ?

Les fondateurs du système tel que nous l'entendons aujourd'hui sont, à mes yeux, Marx et Cournot. Marx parce qu'il a conçu, le premier, la société comme un agencement complet où individus et représentations, groupes humains et forces productives se relaient et se transforment dans un « métabolisme général » (J.-L. Petit). L'interaction des hommes et des structures réagit sur les idéologies, qui réagissent sur les conditions concrètes de production. Système dynamique, qui s'efforce d'intégrer la totalité, mais qui confie à un sujet collectif, le prolétariat, l'initiative du changement... Moins connu, Cournot nous introduit à une autre vision, plus actuelle, du système : selon lui, la raison l'emporte sur la passion, faisant prédominer le mécanique sur l'organique et la science sur la politique, laquelle n'est au fond que le résidu de notre ignorance. D'où une civilisation qui parvient à sa « phase théorique », c'est-à-dire à une forme presque stable, mais ultracomplexe, et protégée par sa complexité même : qui se risquerait à détruire un mécanisme aussi délicat ?

Deux visions bien différentes : le premier système asservit le vital à une philosophie matérialiste ; le second, à la rationalité mathématique. Le premier a débouché sur le collectivisme planifié ; le second façonne aujourd'hui la civilisation de l'informatique. Ils sont opposés mais ils avancent dans la même direction, vers ce stade où le système, devenu sa propre idéologie, aura réduit les oppositions et intégré les différences, contrôlant ainsi la société tout entière. Mais est-ce bien le dernier mot du système ? Ceux qui en fabriquent ont généralement le tort d'aller trop vite et de viser trop court, et négligent ainsi des facteurs essentiels, qui sont précisément ceux qui mettront leur construction par terre.

Tel est, en effet, le drame prométhéen du système : si vaste qu'on le conçoive, il y en a toujours un plus vaste qui peut l'englober. Ascension frustrante vers une vision totale qui est le privilège de Dieu seul. Mais pourquoi ne pas essayer ? Notre siècle, déjà, a grimpé d'un seul élan beaucoup plus haut que les précédents. Il accède à un sommet d'où il entrevoit, comme à la Renaissance, l'unité profonde des connaissances et où, pour reprendre le titre d'un livre récent, une « nouvelle alliance » s'ébauche entre les sciences de la nature et notre culture.

Il est vrai que nos doctrines sociales et politiques semblent simplistes, stériles, dérisoires, à côté de ce double infini qui, en une quarantaine d'années, s'est creusé à tel point qu'il donnerait le vertige à Pascal. Il est vrai que le contraste entre la découverte de notre programme génétique et notre prétention à la liberté est si flagrant que notre culture éclatera si elle ne retrouve pas les bases d'une cohérence, sinon d'une dignité.

Il serait trop long de raconter comment s'est formée l'idée de système ; je ne peux qu'indiquer grossièrement les étapes. La cybernétique puis la recherche opérationnelle ont d'abord, dès les années quarante, commencé à changer la façon de considérer le milieu dans lequel opèrent les décisions humaines. La notion de causalité systémique se substitue progressivement à celle de causalité linéaire, incluant les interactions et rétroactions que comporte un système asservi. Logique concrète, relationnelle, qui rompt avec la logique cartésienne. De là on passera à la considération de l'écosystème, où les exemples d'autorégulation sont célèbres (histoires connues de l'équilibre entre les prédateurs et leurs proies) et où l'homme — on en prend une conscience angoissante — intervient pour déstabiliser et détruire. L'écologie est une pensée du système. Joël de Rosnay nous éloigne et nous décentre pour mieux nous donner une vision globale du monde où nous sommes. J. Fontanet rapproche le social du vivant. Le Club de Rome et d'innombrables colloques cherchent à intégrer tous les paramètres d'une action de sauvetage qui ne parvient plus à se concevoir dans les cadres des idéologies rationalistes ou polémiques. Certains penseurs difficiles (Varela, Thom) vont à l'essentiel : une formulation logique ou mathématique qui rend compte du paradoxe et situe les points d'oscillation et de retournement (« catastrophe »). On en est à essayer de penser les contraires et de réintégrer la finalité à la causalité. Mais il faut pousser encore plus loin et, avec Lupasco, Morin, Beigbeder et bien d'autres, concevoir que l'observateur lui-même est partie de l'observation, fait système avec elle, et imaginer « une théorie de la signification dont la nature soit telle que l'acte même de connaître soit une conséquence de la théorie » (R. Thom).

Fantastique effort vers une pensée de la totalité. Car c'est à ce mot, j'en suis convaincu, qu'on rattachera plus tard l'horreur et la grandeur de notre siècle, lequel a manifesté à la fois son ambition de plier les sociétés à un dogme unitaire et celle d'atteindre à une vision globale de la réalité. Mais la bifurcation s'opère justement à l'intérieur de ce concept. L'ancienne totalité, partant de la coupure entre l'homme et la nature, prétendait ou bien faire de la nature une chasse gardée de l'homme (c'est l'humanisme dominateur de Descartes), ou bien faire de l'homme un prolongement de la nature (c'est le structuralisme de Lévi-Strauss). Dans les deux cas, la science ne laisse à la poésie, à l'art et à la religion qu'un statut misérable : l'exil ou l'illusion, l'absurde ou le rêve. Dans les deux cas, on vient buter contre cette aporie : comment se fait-il que l'homme soit capable de connaître ce qui est en dehors de lui, de comprendre les mécanismes d'un univers qu'il n'a pas fabriqué ? Kant avait osé affronter la question et lui donner une réponse : c'est un « hasard heureux ». Au fond, la pensée systémique veut forcer cette impasse en montrant que les structures du vivant ne sont pas radicalement étrangères à celles du physique, que l'autonomie est déjà incluse dans l'organisation et que c'est un combat dépassé que celui du réductionnisme contre la complexité, du déterminisme contre la liberté. Nombreux sont les savants et les penseurs qui, depuis vingt-cinq ans, s'y sont employés : Costa de Beauregard, D'Espagnat, Lupasco et, plus récemment, Atlan, Prigogine et Stengers, Serres...

Comment les suivre tous ? Un homme a entrepris la tâche herculéenne de rassembler cet acquis dans une synthèse dont le titre — mais non le volume, hélas ! — rappelle Descartes : *la Méthode,* d'Edgar Morin. Avec l'enthousiasme juvénile que met un nouveau propriétaire à faire visiter son domaine, Edgar nous entraîne dans une exploration de cette « nouvelle science », qui appréhende les phénomènes par systèmes bouclés en « rétroaction ». Les romantiques, les existentialistes opposaient la liberté humaine à « l'hostilité primitive du monde » (Camus). Mais voici que prolifèrent les « auto » et qu'on les introduit au cœur du système : auto-organisation, autoréférence, autocentrisme... *Autos* signifie en grec « même », au sens où le français dit « moi-même ». Mais comment puis-je, individu singulier, prétendre être « le même » que moi ? La linguistique y achoppait déjà : comment « se dire », être à la fois celui qui parle et celui qui est parlé ? Comment (objection radicale aux prétendues sciences de l'homme) être à la fois celui qui observe et celui qui est observé, sujet et objet ? Pour y parvenir, il nous faut une « logique du paradoxe », dont

Barel, après Von Fœrster, Varela et les théoriciens du *double bind,* nous montre qu'elle nous entraîne loin de la dialectique qui dépasse les contradictions. Penser quelque chose et son contraire est facile, puisque la proximité des contraires gît au sein du langage comme de tous les phénomènes naturels et passionnels : chaud et froid, grand et petit, mâle et femelle ne font qu'indiquer un écart au sein de l'identique. Mais penser des phénomènes antagoniques à des niveaux différents, voilà qui nous pousse à dériver hors de la logique classique. Ainsi la possibilité pour un individu d'être à la fois l'acteur et le terrain de son action ; pour un organe, le produit et le producteur d'une évolution ; pour un système, d'avoir ses frontières à l'intérieur ; pour quoi que ce soit, d'être à la fois la partie et le tout, l'indicateur et l'indiqué, le représentant et le représenté...

Cela, la pensée sauvage pouvait le concevoir et le figurer, la religion aussi. Lévi-Strauss n'a tiré d'elles que des systèmes réducteurs qui ramènent l'immense trésor des cultures à un logiciel d'ordinateur — ultime effort de la rationalité occidentale pour réduire le monde à sa mesure. Mais le systémisme qui s'élabore est aux antipodes du structuralisme, lequel ne procède que par décodage — décalcomanie forcenée, qui est à l'origine de simplifications polémiques qui déshonorent actuellement la vie intellectuelle française. Prenons la reproduction sociale vue par des structuralistes plus ou moins marxisés : une classe s'engendre elle-même à travers les appareils qu'elle contrôle... Le nouveau systémisme, lui, sait que tout système renvoie à un « métasystème » et que cette reproduction ne se réalise qu'à travers une référence extérieure. Ainsi ne peut-on espérer (ou craindre) qu'un système « meure de ses contradictions ». Tout au contraire, il vit de ses contradictions, qui signifient que plusieurs systèmes sont à l'œuvre au sein d'une réalité quelconque. Et s'il meurt, c'est parce que l'ensemble se disloque, ou perd le contact avec sa métaréférence. Dès lors se trouvent justifiés les nouveaux historiens dans leur prétention de suivre des filons différenciés et pourtant liés, et de traiter l'histoire comme quelque chose qui se regarde tout en regardant : l'œil se voit, l'oreille s'écoute, le cerveau se pense... Mystère du verbe réfléchi, mystère du *même*.

Ici se découvrent des horizons que je ne puis qu'indiquer. Le nouveau système répudie la séparation que pratiquait l'ancien entre les parties et le tout. Pour lui, il y a des parties qui reflètent et génèrent le tout, et des totalités ouvertes sur d'autres systèmes. On le voit en cosmologie et en biologie. Mais parlons plutôt du social où, à force d'organisation, de contrôle, de télécommunication et d'informatique, se met en place un système autorégulé, homéostatique — la civilisation mécanique annoncée par Cournot. Son précédent avatar était la cybernétique, qui « rassure parce qu'elle permet d'éviter le débat politique », nous disent Crozier et Friedberg, qui affirment le « caractère non asservi » des systèmes humains. L'intérêt de cette position est de soustraire le système à la tentation d'en faire une idéologie, pour le considérer d'abord comme un montage à la disposition des « acteurs » — hommes qui agissent, hommes dans leur rôle humain. Nul n'est moins idéologue que Michel Crozier, même s'il a pu passer un moment pour l'inspirateur de la tentative de Chaban-Delmas, de combattre la « société bloquée ». Depuis longtemps, à l'écart des ivresses abstraites, mais solidement engagé dans la réforme, ce sociologue tranquille établit les bases d'une science empirique des organisations. Là où des penseurs pressés mettent en scène des batailles de concepts, il expose des stratégies réelles. La liberté a sa chance, non pas dans le ciel des idées, mais dans le jeu concret des intérêts et des rôles. L'acteur garde un pouvoir parce qu'il a, dans certaines limites, une autonomie d'action : « Ce ne sont pas les hommes qui sont structurés et régulés, mais les jeux qui leur sont offerts. » J'ajoute que ces jeux, nous ne pouvons les analyser et les pratiquer que si nous concevons l'acteur *lui-même,* c'est-à-dire faisant déjà société, par son organisme, son hérédité, sa mentalité.

Arrêtons-nous une minute sur ce pont aux ânes du système. Toutes les pensées de l'organisation se heurtent en effet au problème du changement. Si le système est stable, comment pourra-t-il évoluer ? Ce fut la cosmologie de Galilée, complétée par Newton, qui, deux siècles durant, fournit le modèle du système équilibré même à ceux qui voulaient le changer. *Révolution,* c'est un terme d'astronomie ; et Fourier construit son phalanstère sur l'analogie de la gravitation céleste. Mais dans les laboratoires du XIXᵉ siècle s'élabore la thermodynamique dont les principes viennent d'abord à l'appui de la conception mécaniste. Gravitation et conservation de l'énergie sont les deux axiomes de l'univers. Certes, le principe de l'entropie introduit l'axe de la durée, mais d'une durée qui va vers le probable et l'homogène, alors que Darwin avait déjà jeté les bases d'une évolution qui va vers l'improbable et le différent. Dès lors, le système de type mécanique et réversible reculera devant le système irréversible ("genèse continuée", dit Barel). Mais l'opposition demeure, car, si le temps de l'entropie apparaît réducteur et mortifère, le temps de la biologie apparaît inventif et ressuscitant.

Néguentropie contre entropie... Une belle bataille qu'éclipse aujourd'hui cette nouvelle science dont Atlan, Prigogine et Serres sont les hérauts contestés. Chacun à sa manière explique comment se surmonte l'opposition entre la désorganisation entropique et le jaillissement des organisations vivantes. J. de Rosnay nous invitait à prendre un macroscope. C'est au microscope que Prigogine, prix Nobel pour ses travaux sur les structures dissipatives, nous invite, avec I. Stengers, à découvrir un « ordre par fluctuation » qui, à l'inverse de l'ordre entropique, surgit des états d'équilibre... A partir d'un certain seuil, des flux minuscules déclenchent des évolutions considérables : ainsi, dans la nature comme dans la société, d'infimes minorités changent parfois un destin. Le physique et le vivant rapprochent leurs structures et leurs genèses à partir de cette notion, inventée par Von Fœrster, de l'*order from noise,* l'ordre par le bruit. L'indifférencié n'est pas toujours entropique. S'il intègre la redondance, il est une part essentielle de l'information. Et nous voilà ramenés près du chaos créateur et de la nature anthropomorphique des Anciens.

Celui qui donne à cette vision le tour le plus allègre est assurément Michel Serres. Avec lui, on ne médite plus sous le pommier gravitationnel, ni devant le pissenlit à la sphère étoilée[1] ; on va sur la digue voir tourbillonner les remous immuables et changeants, monter et redescendre la houle toujours recommencée. Nul n'était mieux désigné que cet ancien officier de marine pour chanter l'ordre par fluctuation jusqu'à nous donner le mal de mer. « Il n'est plus incompréhensible que le monde soit compréhensible. [...] Nous dérivons ensemble vers le bruit et le fond noir de l'univers. [...] Turbulence presque stable parmi l'écoulement. » Ivresse d'apercevoir « les îles fortunées », de célébrer les noces du hasard et de la nécessité, de l'objet et du sujet —, de porter enfin le coup de grâce à Parménide en montrant que l'Être est amalgamé au Non-Être.

---

1. Cl. Lévi-Strauss a raconté à la télévision que l'idée de la structure lui vint en 1940, alors que, sur la ligne Maginot, il contemplait un pissenlit.

Un autre systémiste, venu de la plus rigoureuse des mathématiques, René Thom, a sorti l'alcootest, et contre cette « épistémologie populaire », a brandi le panneau : « Halte au hasard ! Silence au bruit ! » Thom se méfie de ces « zélateurs du hasard », lequel est « un concept négatif, vide, donc sans intérêt scientifique ». Prigogine et Morin lui répondent que la mathématique ne suffit plus et qu'il faut faire appel à « d'autres structures qui permettent de prendre en compte l'éphémère, le fluctuant » : belle et féconde dispute ! Rapprocher la loi et l'histoire, l'organisation et le changement, la trajectoire et le processus, c'est apprendre à penser plus loin, c'est entrer dans le XXIᵉ siècle — et c'est aussi prendre le risque de se tromper.

« Qu'est-ce que c'est que le système ? — Je ne sais pas. — Alors pourquoi tu en as peur ? » Ce dialogue de l'enfant et de la femme dans le film de Cassavetes, *Gloria,* résume notre problème. On ne sait pas bien ce qu'est le système, et pourtant on s'en méfie parce qu'il nous enserre de ses réseaux subtils qui contraignent l'individu à l'« exil intérieur » (A. Moles) s'il veut sauver sa liberté. Mais le système de la mafia, celui des totalitaires, ou même celui de l'informatique, dépendent d'une logique linéaire et binaire qui est à l'opposé de la nouvelle logique d'un système qui relie les structures aux autonomies et vit de sa propre transformation. Pour le penser, il faut en appeler à la poésie, à l'art, à la religion. Ce n'est pas un hasard si la mythologie fait un retour dans l'épistémologie. Et que la partie, d'une certaine façon, contienne le tout, cela ne vaut-il pas le mystère de la Sainte Trinité ?

BIBLIOGRAPHIE

** Henri Atlan, *Entre le cristal et la fumée*, Seuil. Cf. aussi *L'Expansion*, 7 mars 1980 (Jean-Marie Domenach, « Le mal de notre siècle »).

*** Yves Barel, *Le Paradoxe et le Système*, Presses universitaires de Grenoble.

** Marc Beigbeder, *La Bouteille à la mer*, publication irrégulière, chez l'auteur, 8, rue Th.-Renaudot, 75015 Paris.

*** Olivier Costa de Beauregard, *Le Second Principe de la science du temps*, Seuil.

** M. Crozier et E. Friedberg, *L'Acteur et le Système*, Seuil.

** J.-P. Dupuy et al., *L'Auto-organisation. De la physique au politique*, Seuil.

** B. d'Espagnat, *A la recherche du réel*, Gauthier-Villars.

*** Hans von Fœrster, *Interpersonnal Relational Networks*, Cidoc.

* Joseph Fontanet, *Le Social et le Vivant*, Plon.

** Jacques Lesourne, *Les Systèmes du destin*, Dalloz. Cf. aussi *France-Forum*, numéro spécial, oct.-nov. 1976.

** S. Lupasco, *L'Énergie et la Matière vivante*, Julliard.

** Abraham Moles, « Analyse systémique de la société machinique », *Revue philosophique*, juil.-sept. 1980.

** Edgar Morin, *La Méthode*, Seuil, 2 vol.

*** J.-L. Petit, *Du travail vivant au système des actions*, Seuil.

* I. Prigogine et I. Stengers, *La Nouvelle Alliance*, Gallimard.

** Joël de Rosnay, *Le Macroscope*, Seuil.

* Raymond Ruyer, *L'Humanité de l'avenir d'après Cournot*, F. Alcan.

** Michel Serres, *Hermès*, Minuit, 5 vol.

*** René Thom, *Modèles mathématiques de la morphogenèse*, 10-18. « Halte au hasard ! Silence au bruit ! » *Le Débat*, juil.-août 1980, suivi des réponses de Morin et Prigogine, *Le Débat*, novembre 1980.

** René Thom, *Paraboles et Catastrophes*, Flammarion.

*** Francisco Varela. En attendant la traduction de *Principles of biological autonomy* au Seuil, on se reportera à ce qu'en dit Jean-Pierre Dupuy dans *L'Enfer des choses*, Seuil.

René Girard,
le Hegel du christianisme

Lors de la discussion que Claude Lévi-Strauss eut avec les rédacteurs d'*Esprit* en 1963, Paul Ricœur l'interpella sur son silence à l'égard de notre propre tradition. Vous expliquez, lui dit-il, toutes les mythologies, sauf une : la nôtre. Ne serait-ce pas parce que la culture judéo-chrétienne vous résisterait, elle qui, à la différence des pensées sauvages, n'a cessé de se renouveler en se réinterprétant ? « Si je ne me comprends pas mieux en comprenant les autres, ajoutait Ricœur, est-ce que je peux encore parler de sens ? » A quoi Lévi-Strauss répondit que « l'entreprise qui consiste à transporter une intériorité particulière dans une intériorité générale lui semblait d'avance compromise ». Autrement dit : on ne comprend jamais que du dehors. Une certaine distance est nécessaire entre l'observateur et l'observé, et nous ne saurions être les ethnologues de notre tribu.

Nous ignorions alors qu'un professeur français enseignant aux États-Unis avait déjà entrepris cette tâche que Lévi-Strauss estimait impossible. C'est seulement en 1972, avec *la Violence et le Sacré*, que le nom de René Girard commence à se répandre. Pourtant, *Mensonge romantique et Vérité romanesque*, paru en 1961, posait déjà le premier pilier d'un édifice que complétera, en 1978, *Des choses cachées depuis la fondation du monde*. Il est vrai que Girard s'était gardé d'aborder de front notre société, et qu'il avait pris le détour de la littérature, précisément de cinq des plus grands romanciers européens : Cervantes, Dostoïevski, Stendhal, Flaubert et Proust, qui lui livraient ce premier secret : « L'homme est incapable de désirer par lui seul : il faut que l'objet de son désir lui soit désigné par un tiers. » De Don Quichotte à Mᵐᵉ Verdurin, tous les personnages manifestent un attachement ambigu à un médiateur : il leur faut un rival qui indique et renforce l'objet de leur désir — rival que l'on admire et déteste en même temps. De cette éblouissante analyse littéraire, Girard débouchait en plein milieu de notre société : « La valeur de l'objet ne dépend plus que du regard de l'autre. » Or, nous vivons de plus en plus rapprochés, par l'habitat, les télécommunications, la normalisation des objets. Les différences s'amenuisent tandis qu'on monte en épingle des distinctions insignifiantes. « L'Autre se fait toujours plus fascinant à mesure qu'il se rapproche de moi. »

Ainsi, du vaudeville à la tragédie, un dispositif triangulaire (le désirant, le médiateur et l'objet désiré) structure l'amour, la vanité, l'héroïsme et le sadomasochisme, et ce dispositif s'applique parfaitement à notre société de consommation. C'est le mimétisme : imitation redoublée, qui jumelle les individus en couples rivaux et les agglutine en foules fascinées. Dans *la Violence et le Sacré,* Girard transpose le mimétisme dans le mystère des origines. Toute société a dû se trouver confrontée, au début, avec cette concurrence effrénée que se font naturellement les hommes pour les mêmes objets. Il a fallu trancher, dans les deux sens du mot : distinguer les fonctions et couper des têtes. Car, si l'on veut éviter que chacun ne devienne l'ennemi de chacun à force de lui ressembler, il faut identifier un adversaire et le supprimer, réellement ou symboliquement. Le sacré apparaît avec le sacrifice, qui est l'expulsion rituelle de l'ennemi : on enterre la victime dans les fondations de la cité et le pacte social menacé se renouvellera, aussi souvent que nécessaire, par la proscription de l'ennemi, laquelle sera d'autant plus économique qu'elle est ritualisée. En effet, mieux vaut désigner à la haine publique un « bouc émissaire » que de risquer une guerre ou de lancer des foules contre d'autres foules. Il est plus commode et plus rassurant de dégrader publiquement le capitaine Dreyfus que de déclencher un pogrom... Ce thème du bouc émissaire, qui apparaît en dernier dans l'œuvre de Girard, c'est finalement lui — Girard nous le confie — qui a « tout organisé ».

Étonnante aventure. Le structuralisme de Lévi-Strauss venait seulement de nous fournir la clef des cultures et le maître achevait son œuvre par une conclusion en forme de coucher de soleil : « J'ai tout expliqué, disait-il en substance. A partir du moment où le secret des mythes est dévoilé, il ne reste plus aux cultures qu'à mourir. Apprêtons-nous, mes frères, à mourir avec elles... » Mais Lévi-Strauss avait négligé trois facteurs anthropologiques décisifs :

— Le premier, c'est le désir. Lévi-Strauss tient pour acquis que l'individu ne se trompe pas sur son désir ; la ruse de la culture, pour lui, ne concerne que ces nécessités de nature qui se voilent de rêves et de mythologie. Parti de Freud, il l'abandonne en chemin, sans retenir de la psychanalyse autre chose qu'une technique d'interprétation des rêves ;

— Le second, c'est le *rituel* religieux, qu'il tient pour une forme pauvre, prémythique, des cultures.

— Le troisième, ce sont les textes fondateurs de la tradition judéo-chrétienne, laissés de côté, par précaution de méthode.

Or, c'est précisément sur ces points aveugles du structuralisme que s'installe R. Girard pour élaborer à son tour une explication complète des sociétés et des cultures, et du structuralisme, par-dessus le marché, auquel il retourne

élégamment l'accusation dirigée par celui-ci contre la philosophie herméneutique : d'être un « idéalisme subjectif de
la culture », c'est-à-dire d'exprimer l'outrecuidance scien-
tiste de l'Occident.

En somme, Ricœur reprochait à Lévi-Strauss d'expliquer
toutes les mythologies sauf la nôtre. Je dirais que Girard
explique toutes les autres par la nôtre. C'est en effet la
Bible, et singulièrement le Nouveau Testament, qui, dans
l'hypothèse de Girard, donne la clef du code universel des
civilisations. Alors que, depuis trois siècles, la science
s'acharnait à réduire la religion à des intérêts, des peurs, des
ignorances, voilà que le christianisme, prenant la science à
contre-pied, rend compte scientifiquement de l'histoire
humaine et se paie le luxe de ranger dans son interprétation
la science elle-même : les athées, en effet, ont bien travaillé
en désacralisant partout où ils passaient, sans savoir qu'ils
travaillaient pour Girard, ou plutôt pour la Révélation dont
il est le révélateur, celle qui abolit à jamais le sacrifice. Jean-
Baptiste postérieur, si j'ose dire. Et, comme lui, instrument
modeste mais inébranlable de Dieu.

Il faut de l'audace pour se présenter ainsi comme celui qui
déterre ce trésor que les chrétiens, pendant vingt siècles,
avaient conservé sans l'ouvrir. René Girard en a ; une
audace ingénue, la formidable assurance de celui qui a
trouvé la vérité et qui n'en est pas tellement glorieux : elle
était si éblouissante qu'on ne la voyait pas... Il ne plastronne
pas. Il ne dogmatise pas. Cet Avignonnais de cinquante-sept
ans, taillé en déménageur, transporte avec lui une assurance
épanouie. « Je ne suis pas du tout systématique. Je le suis
dans les domaines où mon hypothèse se révèle efficace. »
Mais un léger sourire d'ironie quand on lui présente une
objection laisse deviner que cette efficacité s'étend tous les

jours et que l'objection est déjà digérée, assimilée à son argumentation. « Je suis fondamentalement heureux », déclare-t-il. Cette solidité sereine méduse les intellectuels français au point que nos meilleurs penseurs se tiennent cois, s'abstenant de le critiquer et même de le lire. Castoriadis, Illich ne se prononcent pas. Lévi-Strauss refuse de répondre à une critique pourtant respectueuse... Cet effet de sidération, tout lecteur de Girard l'éprouvera plus ou moins. Étions-nous donc si bêtes avant de l'avoir lu ? Et pourtant, voyez, « ça fonctionne », nous murmure, rassurant, Girard.

Ça fonctionne, en effet. Comment et jusqu'où ? Depuis Rousseau, on est à la recherche de l'acte fondateur de la société humaine. Jean-Jacques supposait un contrat social. Freud, le meurtre du père par les fils et le tabou de l'inceste. Pour Lévi-Strauss, l'interdit est second : la prohibition de l'inceste n'est qu'une condition nécessaire à l'échange des femmes entre les familles. Girard, lui, creuse sous l'interdit et en découvre la cause : éviter l'indistinction violente, où sombrerait tout effort de bâtir la cité. « Un pour tous et tous pour un », cette formule idéale des communautés humaines suppose un « tous contre un » qui s'opère dans le sacrifice de la victime émissaire. Comme l'a écrit Alfred Simon, « il faut saisir l'indifférenciation comme violence, ce que ne fait pas la pensée moderne, qui, égalitaire dans son principe, voit au contraire dans la différence un obstacle à l'harmonie entre les hommes ».

Comme Freud, dont il s'inspire tout en reconnaissant l'avoir « falsifié », Girard voit dans nos mythes non point la transcription de besoins naturels (Lévi-Strauss), mais la trace d'événements qui ont eu lieu. La violence est primitive, et tout l'effort politique et culturel vise à la contenir, à la réglementer, à la camoufler. « L'homme a fondé l'homme le jour où il a expulsé de lui la violence et la faute pour les projeter dans un seul, qui est devenu le double criminel de tous les autres » (A. Simon). Et le sacré perpétue cet acte originel, en immolant des victimes symboliques et en tissant son réseau d'interdits. Mais les hommes ne doivent pas le savoir, sinon la signification scandaleuse de leurs rites leur apparaîtrait à nu et ils ne pourraient plus supporter leurs religions et leurs institutions. Le camouflage du lynchage fondateur est le secret partagé par toutes les cultures.

Pourtant, il en est une à qui ce secret a été dévoilé. Le Christ est venu mettre fin à ce jeu de cache-cache entre la violence mimétique indifférenciée et la violence ritualisée. En prêchant l'amour, il prêche la différenciation, mais non point comme un prélèvement violent sur l'indistinction primitive. La crucifixion, c'est l'ultime sacrifice qui rend désormais le sacrifice absurde, puisque le Fils de Dieu s'est offert volontairement à la violence sans y prendre part, se substituant lui-même à ces victimes déguisées, grâce auxquelles s'assouvissaient les haines. Dès lors, à la fureur mimétique doit succéder la charité évangélique — à la triangulation du désir, l'imitation de Jésus-Christ. Dès lors, nous sommes acculés : « Nous réconcilier sans le sacrifice ou périr. »

Ainsi s'ouvre la « crise sacrificielle », qui, partie de notre région judéo-chrétienne, gagne l'ensemble du monde. « Nous n'avons plus de ressources sacrificielles et de malentendus sacrés pour nous détourner de la violence. » Ne pouvant plus sacrifier, nous sommes obligés d'aimer. Et pourtant, l'évidence de ce dilemme n'apparaît qu'aujourd'hui. C'est que la Révélation a été prise de vitesse par la violence que la crise sacrificielle a déchaînée. La contagion mimétique s'est propagée sur les voies de l'industrialisation et de la démocratie. Et la modernité a ressuscité la guerre de tous contre tous : nationalisme, concurrence, hostilité larvée, angoisse devant la montée de ce nouveau monstre collectif que forme la ressemblance de tous, dans l'abolition des normes, dans la fusion des cultures, des sexes et des races...

On se tromperait pourtant en croyant que Girard dresse un réquisitoire contre la démocratie et la société de consommation. S'il voit le mal, il voit aussi, grandissant en proportion, le remède. Le monde s'occidentalise et, par conséquent, se trouve confronté à l'unique alternative : aimer ou périr. La bombe atomique, où s'est cristallisée notre violence, symbolise cette ambiguïté terrifiante, exaltante — égide et menace de mort absolue. Mais, au ras du quotidien, ne voyons-nous pas grandir une mystique de la victime, qui aboutit à la mise en accusation réciproque et à la contestation de toutes les institutions ? La justice est la plus atteinte : privée de son sacré, devenue utilité sociale, son verdict se transforme en vengeance. Les victimes se multiplient. Mais si nous restons capables de les haïr, nous sommes devenus incapables de les respecter.

D'où le dilemme : « A l'heure actuelle, étroit est le chemin entre la conservation qui maintient les rites et fossilise l'histoire, et le faux révolutionnarisme qui, en refaisant de la violence, refait d'autres rites exigeant plus de victimes que les rites précédents. » Étroit — mais c'est le chemin du salut, celui que nous devrons prendre, bon gré mal gré, pour échapper à l'apocalypse.

Il est excessif de reprocher à Girard de « prendre le relai du Christ avec la recette absolue pour sauver le monde » (Xavier Sallantin). Si Girard est effectivement revenu à la foi catholique de son enfance, il n'en a pas moins raison d'affirmer : « Ma pensée tient debout toute seule sans le secours du religieux. » Mais le religieux, plus exactement le christianisme, peut-il sans grave dommage servir d'explication scientifique ? La foi, la Révélation n'ont-elles pas besoin de la pénombre des choses cachées, du moins de cette opacité de l'énigme, qui est, selon saint Paul et Pascal, la condition nécessaire pour que l'homme entrevoie Dieu ?

La même objection revient à un autre niveau, qui n'est plus celui de l'interprétation, de l'adhésion, mais de l'action. Comme le note Jean-Pierre Dupuy au terme de l'essai où il analyse l'économie dans l'esprit de Girard, celui-ci exclut les médiations et substitue une espèce de radicalisme aveuglant à « une logique qui accepte les contradictions, les conflits, les oppositions » — cette logique dont a besoin notre époque, épuisée par les manichéismes. Je n'irai pas jusqu'à appliquer à Girard le mot de Ricœur : « Le christianisme ou le désespoir, c'est un marché sordide », parce que Girard voit l'amour chrétien comme l'ultime solution pour éviter la plongée dans le nihilisme. Mais c'est ce passage de l'exigence à la nécessité qui me gêne. « La nécessité du Royaume de Dieu devient scientifique », dit Girard. Mais alors, le Royaume de Dieu, au lieu d'être désirable, devient inévitable ; il change de signe. « Aimez-vous les uns les autres », sinon, préparez-vous à la fin du monde... Malgré la douceur du propos, qui nous prêche la non-violence, on dirait presque un hold-up spirituel.

Dans cette féconde, joyeuse et terrible interprétation, voilà ce que, pour ma part, je ne puis accepter : le système qui enrôle au service de la nécessité une Histoire dont il connaît l'origine et le terme. Girard m'apparaît comme le Hegel du christianisme. Il nous décrit coincés entre positif et négatif, entre bien et mal — et plus ça va mal, plus ça ira bien. Entre l'apocalypse et l'amour, nous n'aurons même pas la peine de faire le bon choix. « Il faut faire confiance au réel », dit Girard. J'entends ici l'écho de l'axiome le plus meurtrier de la modernité, celui que Péguy traquait dans l'optimisme de Jaurès : « Rien ne fait de mal. » Il n'est pas toujours vrai que « là où gît le péril, grandit aussi le salut », comme Heidegger l'a écrit, après Hölderlin. Il y a des pertes sans remède. Il y a des destins qu'il faut refuser.

Je ne crois pas non plus que la métaphysique de la différence soit toujours « une métaphysique du ressentiment ». Je ne crois pas que la désacralisation soit forcément le chemin qui ramène à l'Évangile. Au contraire, n'est-il pas urgent d'arrêter la profanation et de reconstituer un nouveau sacré : celui de la loi, celui des droits de l'homme ? Lorsque Girard affirme que sa thèse « fonctionne d'une façon rigoureuse, d'une façon qui, elle aussi, sera peut-être mathématisable un jour », il tombe dans le scientisme même qu'il a dénoncé, et j'ai envie de lui opposer le mathématicien René Thom : « Tout ce qui est rigoureux est insignifiant » — du moins dans les sciences humaines.

« On ne pense que les institutions mortes », écrit Girard. C'est vrai. Mais alors, cela veut dire qu'il y a du vivant qui n'est pas pensé. Cela veut dire qu'on peut encore penser et créer, dans cette pénombre qui est entre le passé et l'avenir. Girard réfute Lévi-Strauss. Deux anthropologies colossales qui abritent le savoir et l'ambition contemporaine d'arrêter le bilan du savoir. Contre le nihilisme sublime où s'ensevelit l'entreprise structuraliste, Girard dresse la Bonne Nouvelle. Mais il le fait de telle sorte que l'on se demande si — ô mimétisme ! — il ne finit pas par rejoindre son rival dans ce que Manuel de Diéguez appelle la « généralisation despotique » : une même prétention à donner l'explication totale et sans résidu ; et s'il ne risque pas ainsi d'intégrer l'Évangile à ce nihilisme de l'Histoire qui nous environne depuis la catastrophe des grandes idéologies politiques, ce nihilisme qu'il combat avec toute sa santé, sa générosité, son espérance.

BIBLIOGRAPHIE

** Jean-Pierre Dupuy : « Le signe et l'envie », *in* Jean-Pierre Dupuy et Paul Dumouchel, *L'Enfer des choses*, Seuil.

 * René Girard, *Mensonge romantique et Vérité romanesque*, Grasset.

** René Girard, *La Violence et le Sacré*, Grasset.

** René Girard, *Des choses cachées depuis la fondation du monde*, Grasset.

 * René Girard, *Le Bouc émissaire*, Grasset.

** *René Girard et le Problème du mal*, Grasset.

 * René Girard, « Discussion avec la rédaction d'*Esprit* », *Esprit*, novembre 1973.

 * Claude Lévi-Strauss, « Entretien avec la rédaction d'*Esprit* », *Esprit*, novembre 1963.

 * Claude Lévi-Strauss, « Finale », in *L'Homme nu*, Plon.

** Xavier Sallantin, *Contribution critique à la pensée de René Girard*, Fondation Bena, 66800 Saillagouse.

 * Alfred Simon, « Les marques de la violence », *Esprit*, novembre 1973.

** René Thom, « La science malgré tout », *Encyclopaedia Universalis, Organum*.

Au sein de cet abîme

Quoi qu'on pense de la valeur, de la cohérence et de l'efficacité des idées que je viens de passer en revue, une chose est évidente : le rapport des hommes aux idées a changé.

Même la dernière des grandes idéologies du xixᵉ siècle, le marxisme, perd sa force mobilisatrice. Invité récemment à parler dans une école de formateurs tenue par le parti communiste, je voyais des jeunes gens qui s'excusaient presque de se référer à Marx. Se réclamer d'une doctrine, proclamer une conviction idéologique, c'est désuet, c'est presque malpoli. Pendant trente ans, j'ai fait chaque année le tour de France du conférencier ; je puis en témoigner : autrefois, il fallait essuyer l'inévitable contradiction du marxiste, de l'intégriste, de l'abondanciste... On trouve maintenant des auditoires gentils, qu'il faut secouer long-temps avant d'en tirer une objection. C'est un effet, assuré-ment, de cette fameuse « décrispation » qui, si elle n'a pas vraiment réussi dans le monde politique, a énormément progressé dans la population, signe des mœurs plus douces, des goûts plus éclectiques que porte avec elle la société de consommation. Les idées intéressent, certes, mais non plus comme si on devait en vivre ou en mourir ; non plus comme si c'était d'elles que dépendait notre destin. L'intellectuel lui-même ressemble de moins en moins au modèle qu'en donnait Malraux : ce qui oriente et engage sa vie, ce n'est plus une idée, c'est le culte et la promotion des idées, indistinctement : tolérance, liberté de pensée et d'expression, droits de l'homme — retour au XVIIIe siècle, avec moins d'esprit, hélas ! et moins de style. Mais ne nous plaignons pas : le libéral bien élevé, le pluraliste conciliant, l'ethnologue blasé, c'est quand même préférable aux dogmatiques casqués de l'avant-guerre, aux idéologues policiers et procureurs de l'après-guerre. Les idées sont maintenant sur le marché. Chez nous du moins, pour les rencontrer, il n'est plus nécessaire de franchir le seuil enfumé de quelque taverne, de monter en pèlerinage vers quelque saint lieu, ou de risquer la prison en fréquentant un cercle d'études clandestin... Plus d'initiative, plus d'aventure, ou presque plus. On se frotte aux idées comme les garçons se frottent aux filles, plus jeunes et moins dangereusement qu'autrefois.

Il y a tant de livres aux devantures ! L'écrit surabonde car, par un paradoxe que je ne parviens toujours pas à m'expliquer, moins les idées ont d'importance et plus il y a de gens pour en lancer. Lorsqu'il paraît quatre cents titres par mois, il faudrait être bien malin pour s'y retrouver. Les nourritures intellectuelles nous posent le même problème que les matérielles : comment maigrir ? Je ne dirai certes pas que les Tchèques ont de la chance : nous avons la possibilité de tout lire, y compris leur samizdat, alors que, chez eux, on peut se faire emprisonner pour quelques pages. L'idée que la vérité puisse résider dans une tête ou dans un livre est en train de disparaître chez nous. Dans un monde où tout se sait, ça se saurait. Et d'abord, qu'est-ce que la vérité ? Dans l'univers de tolérance distinguée qui a remplacé le fanatisme des années cinquante, la distinction du vrai et du faux s'amenuise, comme celle du bien et du mal. Il n'y a ni vrai ni faux, il n'y a que des points de vue, également soutenables, des cultures également respectables. L'anthropologie structurale n'apporte-t-elle pas la démonstration de cette universelle équivalence ?

Tout cela serait très sympathique si ce changement d'attitude à l'égard des choses de l'esprit ne déplaçait pas la volonté de puissance des penseurs du domaine où il est glorieux de triompher de l'erreur à celui où il est avantageux de triompher de l'indifférence. Je veux dire qu'un Pascal, un Rousseau, un Sartre encore, menaient leur bataille dans le domaine théorique en se souciant d'abord de persuader leurs lecteurs. Mais le passage de l'intellectualité dans la consommation de masse a pour résultat que les éditeurs, les critiques, tout le système publicitaire et journalistique attirent l'intérêt sur ce qui fait choc : le nouveau, le sensationnel, l'exotique. Il s'agit de vendre, certes. Mais pas seulement : pour l'auteur, il s'agit d'abord de toucher un large public. Sa volonté de persuader se tourne facilement en volonté de dominer. C'est la logique de ce que Don Sturzo appelait l'épiscopalisme, forme supérieure du cléricalisme : s'emparer des postes de commande pour diffuser un message de vérité. D'où ce « pouvoir intellectuel », si bien dénoncé par Régis Debray, qui n'a eu que le tort de s'exclure d'une analyse que son propre comportement illustre parfaitement, puisque, de la recherche des prix littéraires, il est passé à l'exercice du pouvoir politique.

Ce tapage publicitaire ne doit pas faire méconnaître les bouleversements qui affectent le monde intellectuel, ni le travail en profondeur dont nous avons repéré, ici et là, plusieurs traces. Cependant, il faut en convenir, la situation est difficile pour ceux qui méritent l'appellation de penseurs. Ou bien il se livrent aux aléas du marché et ils risquent d'être de plus en plus conduits à bouffonner ; ou bien ils se replient dans la sécurité du métier de professeur et de chercheur, et ils risquent de se trouver confinés dans l'ombre de spécialités mal connues du public. La bureaucratie tatillonne et la jalousie mandarinale stérilisent souvent les universitaires. Mais pire que tout est cette ladrerie nationale qui repose sur le principe qu'on ne paie pas la production intellectuelle, en tout cas pas de sa poche. Les patrons étant, pour la plupart, du même avis, nos fondations végètent. Quant au gouvernement précédent, il a préféré prendre acte de la formidable poussée de la culture mercantile : que peut donc l'État en regard de ces millions de livres et de disques, sinon donner un coup de pouce ici et là ? C'est pourquoi, comparée à celle des États-Unis, mais aussi de l'Allemagne et de l'Italie, la situation faite chez nous à la production intellectuelle de qualité est misérable. Certes, il y a le Collège de France, et nous lui devons, entre autres, que des hommes comme Michel Foucault et Paul Veyne puissent approfondir leur réflexion et élargir leur public sans être obligés de faire les pitres à la télévision. Mais ces glorieuses exceptions ne doivent pas nous cacher qu'un philosophe comme P. Ricœur, un anthropologue comme R. Girard ont trouvé dans les universités et les fondations américaines les moyens qui leur étaient refusés en France. Je ne demande pas à l'État d'avoir une politique des idées. Politique culturelle, c'est déjà suspect. Mais il a le devoir de prendre les mesures d'incitation et de protection indispensables à la survie de la créativité intellectuelle. A l'exception d'Alain, aucun des grands penseurs français de la première moitié de ce siècle ne fut enseignant ni chercheur. Sartre, Mounier, Aron quittèrent l'Université, où l'on n'imagine pas Malraux et Bernanos. Ces auteurs ne pourraient plus aujourd'hui vivre de leur plume ou fonder une revue.

Un libéralisme avancé aurait dû permettre aux fondations, instituts, centres de recherche, de se développer à l'écart des contraintes administratives. Que fera le socialisme mitigé qui a pris le pouvoir en mai 1981 ? Hélas ! On entend déjà le ministre de la Recherche proclamer que la technologie aura priorité. L'argent va à l'argent , le pouvoir au pouvoir. Cela veut dire aujourd'hui que tout va à la technique. Ce décalage est l'une des choses les plus inquiétantes qui soient : d'un côté, d'immenses crédits, des appareils ultraperfectionnés, avant-garde de la puissance scientifique et technique de cette seconde moitié du siècle ; de l'autre côté, quelques philosophes vivant des reliefs du monstre : quelques postes, quelques heures de cours saupoudrées à la fin des études. « Qui a peur de la philosophie ? » demandait le titre d'une récente brochure. Elle ferait plutôt pitié.

Le décalage grotesque, ou, si l'on préfère, héroïque, de la philosophie par rapport à la montée en puissance de la science, de la technique et de l'administration, exprime l'incapacité où se trouve toute pensée sérieuse d'améliorer sa productivité. A peine écrit-on un peu plus vite avec le stylo à bille qu'avec la plume d'oie. Ce n'est pas une raison pour la philosophie de refuser de penser la technique dans ses développements actuels. J. Ellul l'a fait. C. Castoriadis aussi. Ce sont des exceptions. Car la pensée est sur la défensive. Il y a vingt ans encore, elle prétendait expliquer le monde, voire le changer. En 1968, le mouvement qui souleva la France est venu d'où on ne l'attendait plus, puisque les idéologues avaient perdu confiance dans la capacité de leurs idées à ébranler le vieux monde. Aujourd'hui, c'est la force morale du prolétariat polonais, religieux, patriote et encore rural, qui secoue l'Empire russe. La pensée qui anime cette révolution est située en arrière, dans le catholicisme social, dans les valeurs personnalistes et, bien entendu, dans les profondeurs de l'histoire polonaise. Étrange parallélisme : au même moment, c'est le progressisme naïf de Jean Jaurès qu'invoque François Mitterrand en inaugurant son septennat. Jadis, les penseurs devançaient les politiques : grandeur du XVIIIe siècle, qui conçut les Droits de l'homme ; du XIXe, qui conçut la libération des peuples et les utopies du bonheur. Mais qu'est-ce que le XXe propose au XXIe, sinon sa culpabilité et ses prophéties d'apocalypse qui ont pris la place des idéologies du progrès exténuées ?

Trop d'horreurs, trop d'erreurs. Les saltimbanques en profitent pour entamer leurs procès en culpabilité remontante contre des philosophes qu'ils n'ont même pas lus dans le texte. « Ici, on ne critique pas, on comprend », disait Alain dans sa classe. Sur ce qui nous tient lieu de scène intellectuelle, on critique, parfois on explique, mais on ne comprend pas. On ne lit même pas. C'est plus rapide et plus rentable d'allumer son petit bûcher d'inquisition pour y griller les vieux maîtres et les anciens camarades. Travail d'idéologue, au pire sens du mot, que de substituer à l'histoire humaine, où le sang s'amalgame à la pensée, où les mots collent à la peau, cette histoire fantasmée où l'on se retrouve seul innocent avec une conscience qui n'a jamais servi. Si je garde tant d'admiration pour Ivan Illich, c'est qu'il s'est mis en face de notre monde comme s'il le regardait pour la première fois, lui qui pourtant a tout lu ; et sans ambages, comme le bûcheron qui va à l'arbre, il s'est attaqué à la réalité dominante de notre époque : la conjonction de la puissance technique et de la puissance bureaucratique. Mais l'idéologie du productivisme est encore si forte qu'elle parvient à s'agréger des lambeaux de la critique la plus radicale qui lui ait été portée. Les Français, dans un effort émouvant pour ne pas voir où ils vont inéluctablement, après avoir fait confiance à la technocratie, cherchent refuge dans l'idéologie familière du progrès bienfaisant pour tous, sans comprendre que la seconde est mère de la première et n'enfantera plus désormais. Dans cette rémission, le nouveau pouvoir mobilise tous les symboles encore agissants des grandes pensées arriérées. Rites consolants et communiels qui précèdent, je le crains, le dur moment, le moment girardien, des sacrifices. Du moins aurons-nous bouclé l'aller retour à l'intérieur de ce parcours idéologique où la liberté s'asphyxie. Bientôt, l'unité essentielle des systèmes qu'on disait ennemis apparaîtra à tous les yeux, et la pensée de l'alternative s'imposera dans une évidence que masquent encore les débats résiduels de la gauche et de la droite. C'est alors que se dégageront les idées fortes du XXᵉ siècle et que se fera le tri entre l'imposture et le génie.

En attendant, je serais tenté de dire : quelle vitalité, mais aussi quelle vacuité ! Quelle vitalité parce que les essais abondent, souvent intéressants, parfois étincelants. Ce n'est pas d'une culture française qu'il faudrait parler, mais de plusieurs. Je déplorais, dans mon introduction, le refus des penseurs de se confronter entre eux. C'est que chacune des grandes pensées contemporaines non seulement se clôt sur elle-même, ce qui est une tendance naturelle, mais se garde d'articuler quelque affirmation que ce soit en matière d'éthique et de politique. En revanche, on compense du côté de l'esthétique : les variations sur la peinture et la musique prolifèrent, on y brille à bon compte et cela n'engage pas. Une exception pourtant, que j'ai signalée : la question de l'État, à propos duquel la controverse s'est déchaînée à gauche. Mais, généralement, on se cantonne dans des interprétations sans risque où l'auteur se protège par l'abondance de sa documentation et la virtuosité de son style. Je sais gré à Castoriadis d'avoir dernièrement pris de front une de ces questions qui commandent notre avenir et auxquelles on n'ose guère penser : la menace soviétique et l'éventualité d'une guerre. Le *come back* de R. Aron et de J. Ellul tient

également à ce qu'ils n'ont jamais fui les questions centrales
de notre époque et y ont donné clairement leur réponse. Le
public commence à être las de ce qu'au lieu de traiter de la
réalité, nos penseurs traitent de ceux qui traitent de la réalité. Au cours de ce périple, j'ai rarement eu l'impression
qu'on parlait de ma situation dans un monde cassé par la
misère et menacé par la bombe atomique. Qu'on me parlait
à moi, qu'une pensée s'engageait avec moi pour réveiller la
liberté, faire reculer la catastrophe qu'annoncent, non sans
gourmandise, des analyses convergentes. Le succès de la
soupe œcuménique de R. Garaudy tient sans doute à ce qu'il
est un des rares à dire encore aux gens ce qu'il faudrait faire
si l'on veut se sauver. Même R. Girard, qui pourtant laisse,
dans son tunnel, un soupirail ouvert du côté de l'amour
évangélique, s'il traite des questions brûlantes, c'est à distance et en miroir, comme s'il s'agissait d'affaires intéres-
santes à observer, encore plus à expliquer, mais qui, somme
toute, ne relèvent pas de notre intervention. Critiques, analystes, critiques des analyses, analystes des critiques : notre
culture se dévore elle-même par une sorte de champignonnage
indéfiniment proliférant. Notre culture, comme l'a bien vu
E. Borne, est devenue culturaliste. Elle traite de toutes
les cultures, et accessoirement d'elle-même, avec une compé-
tence extrême, mais avec une distance qui est à la fois règle
de méthode et marque de distinction — que les plus distingués
ne manqueront pas, à leur tour, d'analyser. Car, dans ce jeu
de miroirs, on se renvoie des reflets de reflets. Aristocratie
de l'esprit qui, à l'opposé de celle de Nietzsche, n'est pas
composée de législateurs de soi-même. Toute valeur étant
suspecte, on se gardera d'en produire. Mais qui, à la fin,
édicte la loi ? Et si la loi n'est pas respectable, par quelle
autre la remplacer ? Il est remarquable que, dans toutes les
pensées que nous avons visitées, nous n'ayons rien trouvé

qui concerne l'éducation. On a des lecteurs, quelquefois des patients, mais c'est comme si on n'avait pas d'enfants. La plupart de nos intellectuels vivent en état d'apesanteur.

Pendant des années, l'obsession fut la langue. Les sciences de l'homme ont pris à la linguistique un modèle d'interprétation qui leur a fait faire d'énormes progrès. C'était aussi le moyen de pratiquer cette diète du sens que rendait nécessaire l'abus des synthèses prématurées. Mais la réflexion sur le langage une fois commencée, comment l'arrêter ? Car elle se rend elle-même prisonnière de ce que J. Derrida appelle le « logocentrisme ». Subrepticement, codage et décodage réintroduisent dans la génétique et la systémique une conceptualisation, un jeu de métaphores qui ramènent avec eux le vieil humanisme. Le structuralisme lui-même, comme le montre Derrida, se trouve pris au piège du discours qu'il croyait avoir dépassé. A la lisière d'une sphère désormais explorée, penser serait briser la clôture des signes habituels, transgresser la logique identitaire. « Penser, c'est ce que nous savons déjà n'avoir pas encore commencé à faire : ce qui, mesuré à la taille de l'écriture, s'entame seulement dans l'épistémè. »

Depuis trois ou quatre ans, en effet, ce sont les sciences de la matière et de la vie qui viennent sur le devant de la scène et excitent l'intérêt de l'avant-garde. C'est une bonne chose, dans un pays où la culture humaniste avait pratiquement divorcé avec la science, que l'épistémologie prenne ainsi le relai des idéologies traditionnelles. Puisque nous ne parvenons plus à articuler une vision cohérente des phénomènes contemporains, la génétique, la nouvelle thermodynamique, la systémique pourraient nous aider à concevoir l'autonomie au sein d'une situation qui n'a plus grand-chose à voir avec celle du XIXᵉ siècle. Déjà l'écologie, une fois passé les excès du début, prend sa place comme idée régulatrice ; il est salubre, comme dit joliment Lévi-Strauss à propos de Rousseau, de « rechercher la société de la nature pour y méditer sur la nature de la société ». Ruse étonnante de l'histoire : que ce soient les sciences naturelles aujourd'hui qui récusent le positivisme qu'on avait établi en leur nom dans les sciences de l'homme, ce positivisme où continuent de se vautrer nombre d'idéologues de la société et de sociologues de la culture : que ce soient elles qui rappellent l'existence irréductible d'un sujet piétiné par les sadiques du déterminisme. Profitons-en, mais n'en abusons pas, car trop de visions aberrantes sont nées d'extrapolations scientifiques prématurées. Et ce serait encore une manière d'éluder notre devoir de penser à fond, philosophiquement, notre situation que de chercher dans les trous noirs, le *spin* ou les tourbillons, des réponses aux questions posées sur ce que l'homme est, ce qu'il devient et ce qu'il doit faire pour entrer convenablement dans le XXIe siècle. Seul l'homme répondra pour l'homme, c'est lui finalement le maître de l'analogie dans cet univers dont il voudrait tellement être sûr qu'il a été fabriqué pour lui.

Les savants sont aujourd'hui l'objet d'une pressante demande d'idéologie. Certains anciens combattants de la révolution, prenant acte de ce que décidément on ne pouvait fonder la liberté sur un sujet historique, lui cherchent un fondement dans les atomes et les cellules, cependant que d'autres — leurs adversaires de la nouvelle droite — trouvent dans la biologie des arguments pour confirmer leurs thèses organicistes et élitaires. Cette promotion nouvelle des sciences dans l'idéologie contemporaine contient l'amorce de rapprochements féconds. Et puis, nous avons tant besoin de renouveler notre stock de métaphores ! D'ailleurs, il vaut mieux que ce transfert de concepts se fasse ouvertement plutôt que de façon frauduleuse ; n'oublions pas que les grandes pensées du XIXᵉ siècle se sont formées, sans en avoir conscience, dans un cadre tracé par la mécanique et la thermodynamique de l'époque ; ainsi l'obsession de la décadence (voir Spengler, et aussi, par contrecoup, voir Hitler) eut-elle partie liée avec l'entropie. Les analogies qui s'esquissent aujourd'hui sont plus prometteuses, dans la mesure où elles nous font voir l'auto-organisation à l'œuvre dans les systèmes physiques et biologiques, et où elles réconcilient l'individu avec l'univers, du moins microscopique.

Mais ne laissons pas dire qu'il existerait une « science de l'autonomie » et n'allons pas chercher dans la thermodynamique de Prigogine le secret de la cité harmonieuse. N'oublions pas que la genèse de l'humanité se trouve davantage dans ses textes sacrés, sa mythologie, ses légendes, que dans la structure du cerveau ou les ossements des mammouths, comme l'avait cru Teilhard de Chardin. « Le savoir scientifique ne peut savoir et faire savoir qu'il est le vrai sans recourir à l'autre savoir, le récit, qui est pour lui le non-savoir, faute de quoi il est obligé de se présupposer lui-même et tombe ainsi dans ce qu'il a condamné : la pétition de principe, le préjugé. » Et J.-F. Lyotard ajoute aussitôt : « Mais n'y tombe-t-il pas aussi en s'autorisant du récit ? » Ainsi se pose en effet aujourd'hui la question du fondement du vrai — en quelque sorte entre Prigogine et Girard, entre la nouvelle science et l'herméneutique.

Le vide qui s'est creusé dans la pensée autour de l'homme ne sera pas comblé par la science, même si le rapprochement de la science avec la culture dite humaniste offre une chance à notre époque. Ne comptons donc pas sur l'épistémologie contemporaine pour répondre aux questions de la vérité, de la morale et du pouvoir. Elle nous enseigne, au contraire, que n'est réellement scientifique que ce qui est révisable et même « falsifiable[1] ». Cela vaut certes mieux que le marxisme qui, sous le nom de science, prétendait résoudre ces trois questions d'un seul coup. Mais cela nous engage seulement à avancer dans la recherche, à nous méfier de toute fixation, de toute adhésion prématurée, et à combattre les pouvoirs dès lors qu'ils prétendent se justifier scientifiquement. Cela ne nous donne aucune indication sur les choix à faire, en politique et en morale. Sans doute convient-il d'accepter cette incertitude comme un état transitoire, le temps d'échanger notre vieille vision du monde contre une autre, qui sera moins tachée de sang. Mais ériger cette transition en nouvelle certitude, prôner une sorte de neutralisme supérieur à l'égard des combats menés pour la liberté et la justice, c'est simplement consentir à la violence et à l'inhumanité. Terrible schizophrénie de l'intelligentsia française : furieusement engagée dans la bataille politique pendant trente ans, elle se démobilise avec autant de légèreté. Mais, au fond, n'est-ce pas toujours la même tentation de rallier les modes et de flatter les puissances ? Les phénomènes politiques, on ne les met pas en cage, comme des rats. Ils nous enveloppent et nous contraignent de temps en temps à des choix d'autant plus durs qu'ils ont été plus longtemps retardés.

Une connivence existe entre un public à la recherche d'idées à consommer et des auteurs qui produisent des idées soigneusement désossées, de sorte qu'il est possible de les lire sans être obligé de prendre parti, sans même se sentir concerné. La perversion dominante, c'est bien, comme l'écrit Borne, le culturalisme, autrement dit (M. de Certeau

---

1. Expression tirée de K. Popper : ce qui peut être valablement déclaré faux. Il vaudrait mieux dire : réfutable.

l'avait déjà noté à propos du christianisme) la réduction
d'une pensée à un niveau d'expression où elle est compatible
avec d'autres pensées, différentes et même contradictoires,
et où elle peut être assimilée sans risques de complications
intellectuelles et sentimentales. Par là s'explique que l'in-
communication dont on se plaint dans les HLM existe
également dans le royaume des idées : que se dire lorsque
cet élément universel que comporte toute pensée authentique
(métaphysique, éthique, religieuse) a été amputé au profit
d'une présentation aimable et rassurante ? C'est. ainsi que,
dans bien des milieux catholiques, on a substitué aux lectures
intellectuelles des « témoignages » de vie ; une expérience
existentielle ne se discute pas et se communique rarement.
En société préindustrielle, le culturalisme suscite le retour du
fondamental, comme on l'a vu en Iran. En société industrielle, il se dissout dans la consommation. Mais l'insigni-
fiance élève entre les gens des murs plus épais que le fanatisme — il est vrai qu'ils ne sont pas hérissés de flics et de
mitrailleuses. On aura d'ailleurs remarqué la faible place que
les penseurs chrétiens occupent dans notre production intellectuelle, surtout depuis la mort de Maurice Clavel. Eux qui
furent si importants dans la première moitié de ce siècle, ils
sont aujourd'hui intimidés ou confinés dans des cercles
restreints, comme celui de la revue *Communio*. Évidemment,
le christianisme n'est pas une culture, c'est une parole vive
que n'épuise aucune interprétation, une parole incarnée qui
ne peut pas ne pas prendre parti, mais qui dépérit lorsque
l'individu se détache de la communauté et n'accepte plus de
règle que de lui-même.

J'ai tenu à marquer mes préférences et mes répugnances,
c'était plus franc. Je ne voudrais pas que l'on me rangeât
pour autant parmi les contempteurs du temps présent, ou,

plus grossièrement, parmi les pessimistes, alors que j'appar-
tiens à une école de pensée qui a toujours cru dans les
ressources de l'esprit et de la liberté, à l'encontre de
quelques-uns des plus grands parmi nos contemporains, tel
Lévi-Strauss, dont le nihilisme est le plus complet et le plus
vigoureux qui se soit jamais produit en Occident. A son
propos, il y a une dizaine d'années, j'avais posé la question :
« Fin des mythes ou mythe de la fin ? » Depuis, le dilemme
n'a fait que se radicaliser. L'effort de déconstruction a été si
fort qu'il a quasi stérilisé la littérature, du moins celle qui
avait rapport avec les idées. Comparez avec l'époque où
Bernanos, Malraux, Camus, Sartre s'exprimaient par le
roman et le théâtre. Ils n'avaient pas besoin d'un médiateur,
et le travail que je viens de tenter aurait été inutile à leur
sujet. Mais la formidable pression de l'analyse critique
empêche les auteurs de se servir innocemment du langage et
d'entrer dans les conventions littéraires. « La modernité,
écrit Borne, se définit comme un progrès décisif de la
conscience de soi. » Nous voilà devenus merveilleusement
modernes — au point que nous ne cessons plus de ratiociner
sur l'héritage, au point que nous ne supportons plus cette
part d'obscurité et d'aliénation sans laquelle nous ne
saurions être nous-mêmes. La conscience de soi finit par
dévorer le « soi » tout entier. Comment, dès lors, se débar-
rasser de l'obsession nietzschéenne à l'égard de ce qu'il y a
de funeste, de mortel dans l'avidité de savoir ? Ethnologie,
sociologie, anthropologie progressent sur le même front que
la société industrielle, elles avancent en piétinant les
décombres des cultures qu'elles nous apprennent trop tard à
aimer. Un travail identique est commencé sur notre propre
culture — travail d'embaumeur, d'incinérateur. Je ne dis pas
cela pour condamner les sciences sociales et leur opposer
quelque vague spontanéisme. Notre destin est d'employer

les moyens de connaissance à notre disposition et de les retourner contre nous-mêmes. Nous y soustraire serait régresser vers un Moyen Age inhabitable. Mais ce destin est tragique parce qu'il accompagne et accélère la destruction des éléments dont il se nourrit. En matière sociale, ce qui est connu, effectivement, c'est ce qui est déjà mort, ou ce qui va mourir. Mais plusieurs signes donnent à penser que nous approchons du terme, c'est-à-dire du moment où l'excès des analyses conjugué avec la dissolution des sujets provoquera le besoin d'une articulation neuve, d'une initiative fondatrice.

Toute une réflexion métaphysique qui s'exerce à l'écart des modes rencontrera un jour la problématique scientifique. C'est pourquoi il faut d'abord qu'existe une philosophie si elle doit un jour réintégrer la science. C'est pourquoi il faut lier la recherche sociale à l'être de l'homme, au lieu de l'en dissocier, comme on l'a fait sous l'attraction des sciences de la nature. C'est-à-dire la situer carrément au sein de cet abîme qu'est la conscience de soi, ce qui est le moyen de rester résolument moderne tout en échappant au piège de la modernité. Qu'on ne me dise pas que ce serait dévoyer la science en subordonnant à une métaphysique la recherche et l'expérimentation ! Comme si la science n'était pas déjà orientée par les contraintes et les préoccupations d'une société elle-même façonnée par une science technicisée... « La science, disait durement Péguy, c'est de l'industrie théorisée. » Cercle vicieux qui peut être rompu par une décision qui parie sur la liberté en même temps qu'elle en témoigne, qui insère l'action inventive des individus et des groupes au cœur du processus qui servait à l'expulser.

BIBLIOGRAPHIE

* Étienne Borne, « Modernisme et modernité », *France-Forum*, juillet-août 1980.
* Cornélius Castoriadis, *Devant la guerre*, Fayard.
* Michel de Certeau, *Le Christianisme éclaté* (en collaboration avec J.-M. Domenach), Seuil.
* Pierre Clastres, *La Société contre l'État*, Minuit. (Voir une réponse dans J.-W. Lapierre, *Vivre sans État ?*, Seuil.
* Régis Debray, *Le Pouvoir intellectuel*, Grasset.
*** Jacques Derrida, *De la grammatologie*, Minuit.
*** Jacques Derrida, *Positions*, Minuit.
** Jean-François Lyotard, *La Condition post-moderne*, Minuit.
** Pierre Rosanvallon, *Le Capitalisme utopique*, Seuil.

Table

IMPRIMERIE BUSSIÈRE À SAINT-AMAND (CHER)
D.L. FÉVRIER 1984 - Nº 6723 (2821)